超強習慣養成

輕而易舉
創造人生複利效應

人生を変える！理想の自分になる！超速！
習慣化メソッド見るだけノート

以最短的速度
打造理想的自己，
88個史上最強
圖解心法！

Masashi Yoshii

吉井雅之／著

蔡昭儀／譯

Chapter 02
自我改造就從「凝視自己」開始吧

Chapter 03
實踐！每個人都能做到的「習慣養成術」

Chapter 04
以大腦為武器，強化習慣的力量

Chapter 05
保持好習慣，戒掉壞習慣

Chapter 06
開拓美好人生的黃金習慣

Chapter 07
工作順利進行的魔法習慣

Final Chapter
提升人生幸福的祕密習慣

想打造理想的自己，
總之先「實際做做看」！

首先要感謝拿起這本書的各位讀者。

從事習慣培養的諮詢顧問這十七年來，我輔導過企業經營者、自營業主等商業人士，以及學校社團的同學與考生，總計超過五萬位學員。

藉由這個工作，我有幸結識了眾多「自然而然的成功者」，更發現他們有很多共通點。

這些共通點所造就出「自然而然的成功」，並非「因為他們很特別」。事實是，每個人只要願意多花一點心思，行動多堅持一下，能力自然會提升，進而改變自身周遭的環境。

我們每一個人都是為了實現夢想而誕生，但往往因為對人生的不自信而產生誤解，否定自己的能力。這實在是很可惜。

今天就讓我們以此為起點，好好訓練大腦改掉壞習慣，培養好習慣。不用擔心，這本書將陪伴你的人生，當你對培養習慣的目標萌生靈感時，試試看就對了。

這本書要特別推薦給以下這些讀者：

「願意付諸行動，但總是不太順利的人。」

「設定了目標，卻多半無法完成的人。」

「認定自己人生的不如意，都是因為運氣不好的人。」

「買了書卻不看，只會擺在書架的人。」

「常常買書回家，讀了一半就放棄，總是沒讀完的人。」

「參加座談會或讀書會時衝勁滿滿，事後卻缺乏相對應的具體行動，或是不知道該怎麼做的人。」

「明明照著指示、說明書與課本執行，但似乎自己是唯一沒有任何成果的人。」

「雖然設定了目標，卻因為感到有業績壓力，心中對非做不可的義務感產生排斥的人。」

「懷有夢想，卻不敢踏出去的人。」

請大家一定要讀到最後。

重要的是，從「這個我可以！」、「這麼簡單？」的事開始做起就好。不用擔心，每個人一定都可以改變，而且你將會一直進化下去。

你的大腦就像是一個電腦硬體，和身邊其他人並沒什麼不一樣，本書目的就是要帶領你優化大腦設定，刪除硬體中的「壞習慣養成軟體」，並安裝上「順利引導成功的好習慣養成軟體」、「促進自我實現的習慣軟體」。

你就是自己人生的經營者。身為自己的老闆，要終其一生好好經營人生。無論在家庭或職場，人生能否更豐富，一切都取決於你。

正因為取決於自己，才必須自由自在。

讓我們一起將人生變得更好，變成更理想的自己！

口號就是——

不要擔心！你絕對不是孤單一人。

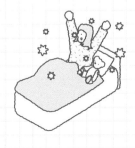

超強習慣養成
88個史上最強
圖解心法

Chapter 00

習慣改變，
人生也會改變

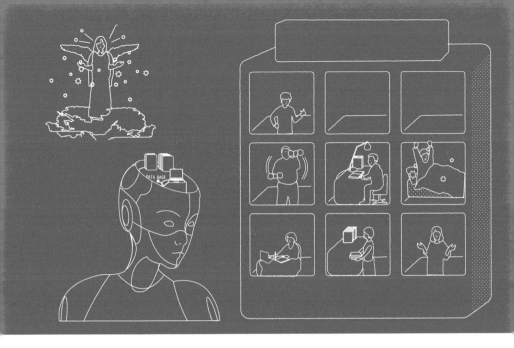

現在的你就是「習慣」累積的結果。從出生到現在，你的一切習慣，造就了現在的人生。所以，只要現在開始有意識地改變習慣，你的未來將會大大改變。

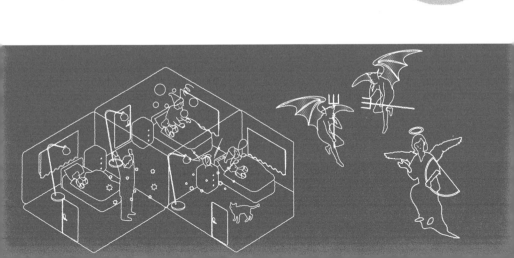

01 習慣決定人生的一切

「現在的你」是由過去曾經說過的話、行為、思考等,一個又一個「習慣」所累積而成的模樣。

現在的你完全是**過去的習慣累積而成**,再無其他。可能有人要問:「與生俱來的**能力**或資質優劣,應該跟習慣無關吧?」確實,學校有「成績好的孩子」和「成績不好的孩子」。但這並不是天生**能力**所致,差別只是在於養成了習慣勤奮學習的孩子,與沒有這種習慣的孩子而已。

學校成績的好壞,其實不在於資質,而是習慣

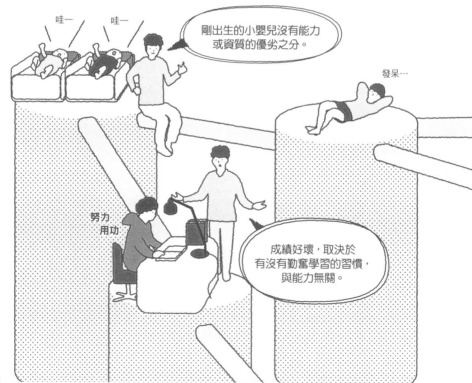

哇一　　哇一

剛出生的小嬰兒沒有能力或資質的優劣之分。

發呆…

努力用功

成績好壞,取決於有沒有勤奮學習的習慣,與能力無關。

或許你正好有「戒不了菸」、「總是不知不覺吃過量」的煩惱，這並不是因為你的意志薄弱，或是沒有動力所導致，更不是天生能力或資質不足的關係。那麼，到底是什麼原因呢？其實是因為你不知道如何「**培養習慣**」。而習慣終將決定你的人生。

「習慣」決定你的人生

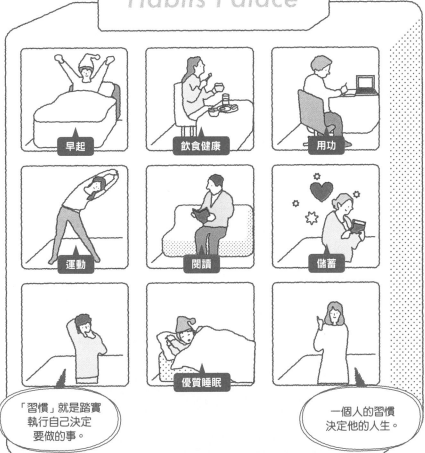

Habits Palace

早起　　飲食健康　　用功

運動　　閱讀　　儲蓄

優質睡眠

「習慣」就是踏實
執行自己決定
要做的事。

一個人的習慣
決定他的人生。

02 每天都是啟動新習慣的機會

培養習慣沒有年齡限制。每個人都可以隨時隨地啟動屬於自己的新習慣。

任何人、隨時隨地都可以開始新習慣,這就是習慣的優點。「我想成為這樣的人。」實現夢想沒有年齡限制,當然,有些事情可能會因物理性的限制而無法做到。例如,退休後才想要「拿到世界拳王」,可能很難實現。但如果是業餘的分齡制世界冠軍,這個夢想或許就很有機會達成。所有人每天都公平地擁有一個重新開始的機會。

無論從幾歲開始,你隨時可以培養新習慣

培養習慣不需要「動力」。事實上，動力是測量不到的。而動力的有無，又是誰決定的呢？答案就在自己身上。舉例來說，假設你跑了一百公尺，你可能會認為，「區區一百公尺竟然跑了二十秒，我真是太遜了。」又或者，「二十秒就跑完，我太棒了。」這兩種思考習慣，就會讓你產生「我是否有能力」的錯覺。既然都是錯覺，何不乾脆就誤以為「自己是意志堅定的人」。

轉念的力量：人生會因「錯覺」改變

我的意志堅定！

①首先是創造錯覺
騙自己也沒關係，先相信「我的意志堅定」。

②寫入潛意識
讓大腦相信這個謊言，將「我是意志堅定的人」寫進潛意識裡。

原本以為這輩子都不可能每天慢跑呢…

索性讓自己配合「錯覺」，行為就會逐漸與錯覺同步。

③原本假裝相信的事最終將會實現
堅持下去，行為漸漸就會變成真正的「意志堅定」。

03 所有習慣都是「自我烙印」的結果

習慣是我們對大腦灌輸的思維結果，人的所有一切都是習慣的累積。

我們每個人出生時的條件都一樣，隨著年齡增長，才各自養成不同的「習慣」，這是為什麼呢？原因在於**烙印**。從小被嫌棄「沒用」的孩子，他就會認定「自己真的很沒用」。正面或負面的語句持續不斷地從耳朵灌輸進入大腦，思想的烙印形成習慣，而習慣造就一個人。

被灌輸進入大腦的語言很重要

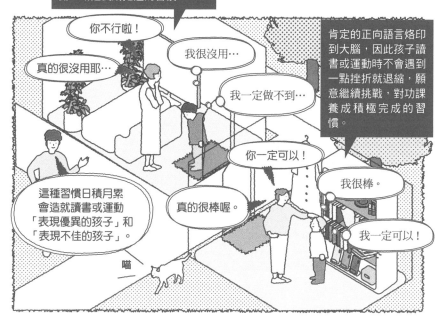

否定的負面語言被烙印到大腦，容易讓孩子輕易放棄讀書或運動，或是養成拖延的習慣。

你不行啦！

真的很沒用耶…

我很沒用…

我一定做不到…

肯定的正向語言烙印到大腦，因此孩子讀書或運動時不會遇到一點挫折就退縮，願意繼續挑戰，對功課養成積極完成的習慣。

你一定可以！

我很棒。

這種習慣日積月累會造就讀書或運動「表現優異的孩子」和「表現不佳的孩子」。

真的很棒喔。

我一定可以！

喵

那些會烙印在大腦的內容，不只是別人說的話。例如一個帶著真誠笑容的業務員，他必須先對自己灌輸「真心希望顧客樂意使用這個商品」的想法，才能養成自然而然露出笑容的習慣。換句話說，大家以為能力或資質都是天生的觀念，其實幾乎是自我烙印的思維結果，那正是潛意識裡養成的習慣。

自我烙印的內容會變成習慣

從小父母就一直叮嚀「吃完飯要刷牙」，許多人長大自然而然養成刷牙的習慣。

習慣就像刷牙一樣，無須刻意，是自然而然就會去做的事。

就像前一項的解說，自己說的話，也會灌輸進入大腦產生影響。

我做不到…

自我烙印的內容形成習慣，而習慣會造就一個人的一切。

人只是被習慣控制了！

不可能順利。

因此，如果總是說著負面的口頭禪，不知不覺就會對一切失去自信。

換句話說，改變口頭禪，刻意灌輸正面的事物或觀念，就能夠改變習慣。

04

習慣改變，
未來也跟著改變

當我們決定做一件事，就要再三對大腦進行洗腦，這樣便能
改變「未來的自己」。

我們可以自我烙印。就算是不起眼的小事也沒關係，先在心裡決定做
一件事，時時記著要重複做這件事，持續對自己的大腦灌輸設定好的
內容，如此便能養成一個與過去不同的新習慣。如果說過去的習慣累
積成現在的自己，那麼現在開始累積的習慣，也能打造未來的自己。

「習慣」是打造未來的手段

不要以為增加一個新習慣，短時間內能得到肉眼可見的結果。不過，花上一年，甚至再一年，持之以恆，漸漸就會建立起「我可以堅持下去」的自信。養成一個習慣，這個成果就足以改變你自己。重點不在於「堅持什麼事」，而是堅持這件事本身已經有無與倫比的價值。

超強習慣養成
88個史上最強
圖解心法

Chapter 01

「習慣」
到底是什麼？

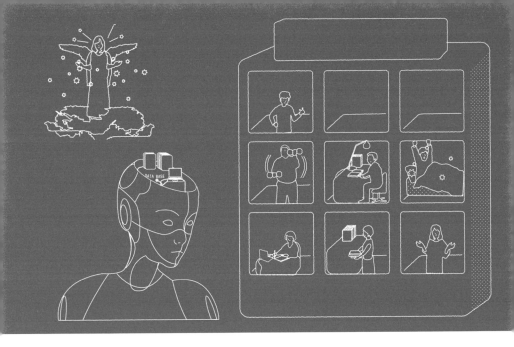

不管是什麼樣的小事，堅持一個「習慣」，光是這個行為，就能改變你的人生。

本章將解說習慣到底是什麼？啟動一個新習慣，生活會發生什麼變化？以及我們如何堅持習慣？首先，要用「習慣」的力量打造出幸運的自己。

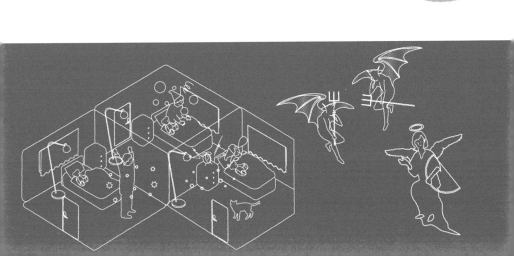

「習慣」就代表你這個人

「刻意為之」的事，不能稱為習慣，因為習慣是「自然而然的反應」。

說到習慣，一般人的理解就是「反覆持續進行某件事情」。然而，一旦我們懷著「要堅持下去」的念頭，嚴格來說，就不能稱為習慣。我在上一章說明所謂的習慣，是「已經烙印到潛意識裡，自然發生的反應」。換句話說，不是自己刻意執行，而是自然而然去做的事，才能稱為「習慣」。這種無意識狀態下發生的言行舉止，就是一個人表現出的「本性」。

首先要知道「自己的本性」

我一定能幫上您的忙！

笑容滿面

嗯…

哼

呃，還是不用了。

陪笑臉的業務員被對方拒絕時，不經意露出生氣的表情…這就是「本性」。

「避免讓人感到不悅」這點當然不用多說，不過為了盡可能讓對方產生「好感」，我們有必要培養出任何情況下都能「自然而然面露笑容」的習慣。

當你認知到**「現在自己的本性」**與**「理想中的自己」**之間有落差的事實，就已經踏出改變自己的第一步了。畢竟，若是對於自己身於何處一無所知，如何推估目標的距離並找到方位？只有你明白了現在自己的「本性」，才能朝著「理想的自己」做正確努力。

不必否定現在的自己

現在的自己是過去的習慣累積而成。

要先知道現在的自己是怎麼演變而來。

現在的自己

理想的自己

能描繪出「理想的自己」就表示你有改變自我的潛力。

再來就是利用「習慣」的技巧去接近理想的自己！

現在的自己（本性）與「理想中的自己」比較後，正視兩者間的落差，才能照著你所描繪的理想，打造未來的自己。

02 首先要描繪出「你想成為的自己」

提高習慣養成的成功率，必須先滿足「受別人肯定」的認同需求，這將是最大的原動力。

培養習慣，必須先刻意地重複做一件事。如果心裡沒有「自己想成為○○樣子」的想法，很難堅持努力下去。越執著你所設定的「心願」，習慣養成的成功率就越高。執著心願的最大重點在於想像「當我成為**理想的自己**時，那些會為我高興的人」。

「習慣養成」的必勝方程式

習慣＝
執著心願x持續重複

此方程式充分說明習慣養成的定律。

維持一個習慣，必須具體描繪「理想的自己」。

當你有成就時，如果有人能一起為你感到喜悅、肯定你的努力，那將是最大的原動力。家人和朋友、上司和同事，或是客戶等，應該每個人心中都有特定的對象。如果能夠描繪出具體的圖像或畫面，也有助於提高心願執著度。「**執著**」加上「**重複**」的組合，就可以培養出「習慣」這個寶貴的財富。

提高心願執著度的重點

03 習慣是「遵守與自己的約定」

習慣改變，對事物的看法也會改變，然後你會發現周遭充滿了機會。

習慣也可以說是「遵守**與自己的約定**」。重要的是，約定內容必須是「**自己決定的**」。大家可能很難相信，有許多人還不會自己做決定。「我要加油」、「一定要努力」，縱然心裡有這樣的念頭，但大部分的人都沒有決定「為了達成目的要付諸什麼行動」。結果，每天的作息照舊，沒有任何具體改變，也培養不出任何新習慣。

重要的是決定「做這件事！」

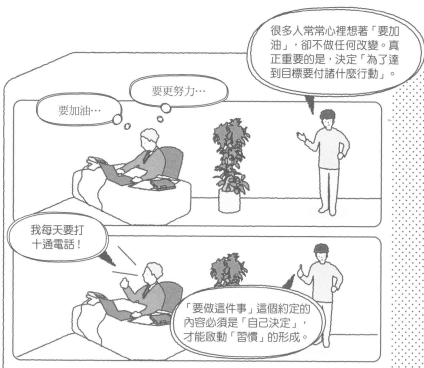

很多人以為自己「不會培養習慣」，其實並非如此，大家只是跳過了「自己決定」這一步，所以才「無法啟動習慣」。反過來想，只要是自己的決定，要培養什麼新習慣都可以。而且，只須培養一個新習慣，你的周遭就會出現很多機會。

習慣改變，處事之道也會改變

04 堅持習慣與不堅持的差別

欺騙我們的大腦，可以將「堅持不了的習慣」變成「持之以恆的習慣」。

我相信有許多人都曾經「想要培養好習慣，卻屢受挫折」。能堅持到底的習慣與無法堅持的習慣到底差別在哪裡呢？關鍵在於：大腦能不能感受到快樂。或許有人會感到驚訝：「就這麼簡單？」沒錯，其實**大腦的運作機制，全部都取決於「喜惡」**。簡言之，我們只有面對樂意去做的事情時，才能堅持下去。

人只能堅持樂意去做的事

喜歡、開心、高興、興奮等令人感覺「愉快」的事物，我們會主動接近。

杏仁核會從五感傳入大腦的訊息，判斷「愉快・不愉快」。

討厭、無聊、悲傷、焦躁等令人「不愉快」的感覺，我們會迴避。

這稱為趨近反應。

這稱為迴避反應。

這就是為什麼喜歡的事我們能持之以恆，討厭的事難以堅持。

大多數人都同意「不應該沉迷手機、努力用功才是正道」，並認為「應該要堅持做正確的事」。但是大腦不會因為這是正確的事就願意一直執行下去。如果不能激起興奮期待的情緒，再正確的事，大腦也會任意產生迴避反應。要培養一個習慣，不能逼自己「硬著頭皮堅持做對的事」，而是「要樂於努力做對的事」。

大腦對「愉快・不愉快」的判斷機制

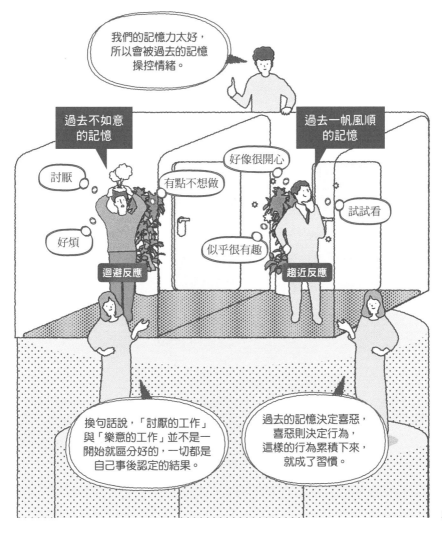

05 「壞習慣」戒不掉的理由

我們在培養習慣時,「順利」與「不順利」之間的差別,可以用「安逸欲求型」和「充實欲求型」來說明。

上一節說到人的行為會依大腦杏仁核對「愉快・不愉快」的判斷,做出趨近反應或迴避反應。從這些反應的模式可以清楚分出習慣養成過程「順利」與「不順利」的人。換句話說,順利的人多半「趨近必須做的事,迴避不必要的事」,而不順利的人則傾向「迴避必須做的事,趨近不必要的事」。

習慣養成「順利」與「不順利」的差別

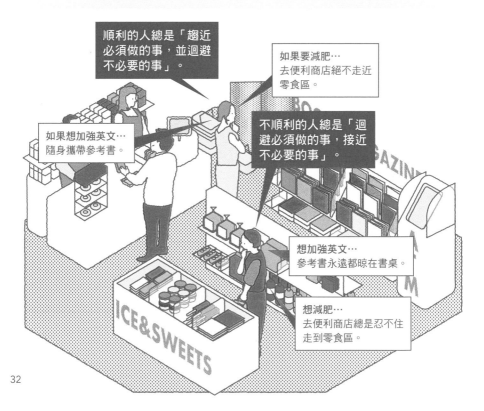

順利的人總是「趨近必須做的事,並迴避不必要的事」。

如果要減肥…
去便利商店絕不走近零食區。

如果想加強英文…
隨身攜帶參考書。

不順利的人總是「迴避必須做的事,接近不必要的事」。

想加強英文…
參考書永遠都晾在書桌。

想減肥…
去便利商店總是忍不住走到零食區。

要養成習慣，我們還需先認清一件事。人都有兩種需求：「**安逸欲求**」與「**充實欲求**」。當我們想要培養一個習慣時，這兩種需求是互相衝突的。若安逸欲求占據優勢，習慣便很難長久持續。如果能做到不貪圖眼前的安逸，決心追求充實的人生，每一個人，不分老幼，一定都能得到成長的機會。

「安逸欲求」與「充實欲求」的對照

所謂安逸欲求，就是一心想輕鬆過日子就好。
例如：食慾、睡眠、性慾、物欲、支配慾、私利私慾…

安逸欲求型的思考模式
▶迴避麻煩
▶討厭責任落到自己頭上
▶不想挑戰新事物

凡事只求安逸的人，通常都抱著期待、依賴別人的心態。

充實欲求型的人是對自己抱有期待的「自立自強型」。

安逸欲求型的行為模式
▶把責任推給別人
▶沒有指令就沒有動作
▶對危機處理或工作改進總是拖延或慢半拍

所謂充實欲求，就是希望人生過得積極充實。
例如：自我實現、自我成長、創造價值、融入社會…

充實欲求型的思考模式
▶為達到目標，不怕任何麻煩
▶願意承擔責任
▶喜歡挑戰新事物

如果我們毫不在意地生活，往往就會屈服於安逸欲求之下。這樣的人生不會培養任何習慣，也無法進步成長。

充實欲求型的行為模式
▶主動爭取責任
▶沒有指示也會自己思考並付諸行動
▶擅長迅速處理危機或改善工作

06 僅僅一個習慣，人生就能產生巨大變化

雖說要「養成習慣」，也不必想得太艱難，我們只需要一個習慣，就能改變人生。

不分年齡或職業，每個人只需要養成一個習慣，人生就會因此而改變。習慣會在各方面成為你的強大助力，影響甚至擴及工作、家庭和人際關係，即便是一個小小的習慣，只要持之以恆，也能引領你成為理想中的自己。大家不妨試試看，無論多麼微小的事情，試著把它培養成習慣吧。

習慣改變人生的案例

▶案例1

在某企業服務的上班族A，長期堅持「每天將待辦事項列表寫在紙上，並全部完成後才就寢」，十年來不曾間斷這個習慣。

最後，A創立了自己的公司，事業版圖拓展到全球十五個國家，晉身跨國企業鉅子。

藉著寫出每天的待辦事項，A的心裡對於「自己真正想做的事」逐漸清晰，「該如何達成目標」的點子也因此源源不絕地湧上心頭。

「工作不順利」、「提不起勁讀書」、「減肥屢受挫折」等等，我們總是有各種各樣的煩惱。其實，只要培養一點新習慣，這些情況都可以獲得改善。有培養習慣的能力，就能應付一切煩惱或問題。**僅僅一個習慣**，將會為你的人生帶來超乎想像的變化。

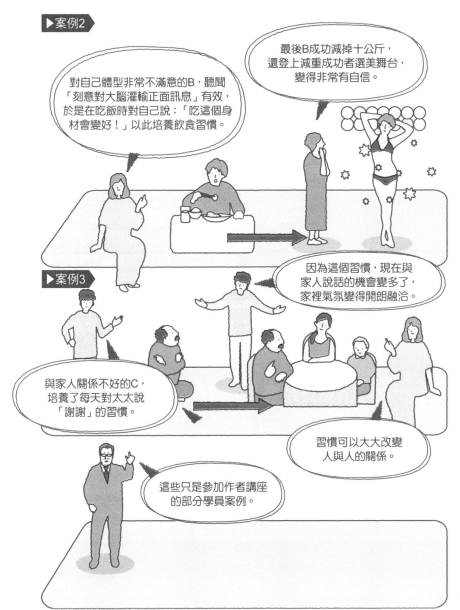

▶案例2

對自己體型非常不滿意的B，聽聞「刻意對大腦灌輸正面訊息」有效，於是在吃飯時對自己說：「吃這個身材會變好！」以此培養飲食習慣。

最後B成功減掉十公斤，還登上減重成功者選美舞台，變得非常有自信。

▶案例3

因為這個習慣，現在與家人說話的機會變多了，家裡氣氛變得開朗融洽。

與家人關係不好的C，培養了每天對太太說「謝謝」的習慣。

習慣可以大大改變人與人的關係。

這些只是參加作者講座的部分學員案例。

07 用習慣打造 「幸運的體質」

「運氣不好」要怪自己，因為「幸運的體質」必須由你自己打造。

堅持好習慣也可以幫助我們戒除壞習慣，一切都在於自己怎麼想、怎麼做。對於過去遇到的不如意，我們或許以為「不是自己的錯」、「只是運氣不好」，但其實這些不好的結果之所以造成，與別人無關，完全是源於自己本身的習慣。

幸運體質的習慣養成步驟

無論大腦接收了什麼樣的訊息，我們都可以利用言行舉止把這個訊息轉變成正向輸出。正向輸出的人，等於對周遭的人們注入正能量，只要有他在，那個地方總是充滿正面積極的氣氛，所以一切都能進行順利。你以為「單純運氣好」的人，其實是他的習慣打造了「**幸運的體質**」。

37

08 向棒球選手鈴木一朗學習習慣

在本章最後，我們來看看在職棒界成就足以留名青史的鈴木一朗選手，一起學習他的「習慣培養術」。

在美日兩國職棒界表現傑出的鈴木一朗選手有一句名言：「簡單說，『準備』就是剔除可能變成藉口的一切因素，做好每一件為了達成目標應該要做到的事。」鈴木選手每天要做的所有行動都非常明確，長年以來，這個習慣都不曾為了任何因素中斷，所以他在球賽中的表現總是非常穩定。

充分的準備會帶來自信

鈴木一朗選手的名言

「為了球場上高水準的速度表現，我從不懈怠，身心隨時都是蓄勢待發的狀態。我認為最重要的事，就是比賽前完美無瑕的準備。」

若能對自己說「該做的準備已經全部到位」，無論結果如何，都會無怨無悔。

因為無怨無悔，才能做出正確分析，體認自身的不足，再為下一次做足準備。

現役時期的鈴木選手，賽前比任何人都認真執行拉筋伸展運動，賽後回到家還有飯前、飯後的鍛鍊，結束後再進行兩小時的按摩。這個習慣日復一日，不曾中斷。正因為他這種**徹底執行**每天的例行公事、從不懈怠的精神，才能成為世界知名選手。

習慣打造「強有力大腦」

要像鈴木一朗選手那樣徹底執行，對我們來說或許有點困難，但是，休假日不只可以用來放鬆心情，至少能規定自己利用時間反覆執行計畫好的準備工作。

藉著你決心要培養的目標習慣，訓練大腦和身體的連結，形成條件反射，就能打造一個強有力的大腦，不會因每天的結果而心生動搖。

關鍵在於，
把「每個人都做得到的事」
變成「沒有人辦得到的堅持」。

↖
這是重點

習慣的養成，會幫助你把下次任務來臨前的時間轉化成紮實的能力。

超強習慣養成
88個史上最強
圖解心法

Chapter 02

自我改造就從
「凝視自己」開始吧

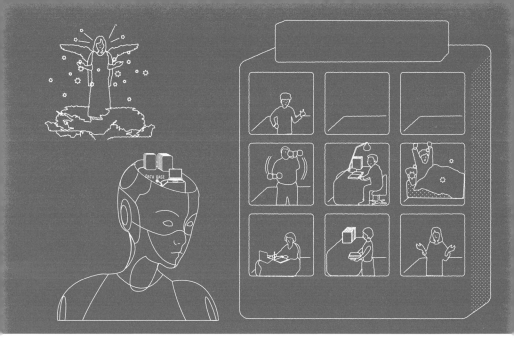

當你了解自己的那一刻，
習慣的養成之路就已經成功一半了。
相信自己，挑戰看看吧。

要成為「理想的自己」，首先必須了解「現在的自己」，
唯有誠實「面對」真實的自己，描繪「理想的自己」時
形象才會更清晰。

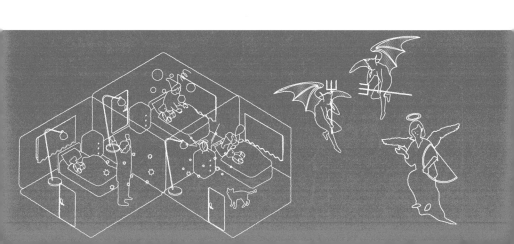

01 「我想成為更好的人！」目標畫面越清楚越好

一個習慣的養成要持之以恆，就不能被過去的記憶束縛，我們必須在右腦清楚地勾勒未來的想像。

培養習慣最大的阻礙就是挫折，想避免挫折就必須花點心思。避免挫折的祕訣之一就是「**對理想的自己要有清晰的想像畫面**」。例如培養減重習慣時，不要只是單純希望「瘦下來」，應該具體想像「瘦下來以後要做什麼」。實踐目標時，**想像畫面越清晰**，才會越有動力堅持下去。

具體想像「理想的自己」

大腦記得我們從出生到現在發生的一切，其中又以伴隨負面情緒的記憶特別深刻。當我們想要培養一個習慣時，輕易就會想起：「無法持之以恆的我很沒用。」因而產生卻步的心情：「這次肯定也不行。」要對抗這種迷思，只能靠右腦明確描繪未來的想像畫面。

「理想的自己」就是你的「願望」

「我一定要變成這樣的人！」有堅定具體的目標，就不會被過去「失敗挫折的記憶」影響而畫地自限，並且願意相信未來的自己。

願望越大，吃苦耐勞的能力就越大。

願望越大＝越能吃苦

描繪理想的自己時，盡情大膽想像「夢想的模樣」。

我要成為海○王！

「現在我就是這個樣子，再怎麼改變，也成不了大事吧。」如此畫地自限絕對不可取。清晰地想著理想的自己，盡情放大願望，才是不受挫折的訣竅。

認清「現在的自己」與「理想的自己」有多大差距

為了達到「理想的自己」這個目標，
首先要知道「現在的自己＝目前所在地」。

清晰描繪「理想的自己」時，還有一件必須要同時做的事，了解「**現在的自己＝目前所在地**」。若沒有清楚掌握自己目前的客觀情況、有什麼弱點或不足的地方，就不知道該往什麼方向、如何努力才能達成目標。一旦知道目前所在地，也就知道該「如何正確努力」，而且掌握正確的目前所在地，才看得見自己的「**本性**」。

掌握目前所在地的方法①：請教別人

找上司和同事，家人、朋友等，大約十個人左右，詢問對方：「我是個怎樣的人？」大概就能知道他人眼中的自己「本性」如何。

我這個人怎麼樣？

有時候還滿有智慧的呢。

我才不是呢…

自己並未刻意為之，卻讓他人感覺如此的事，表示平時有那樣的習慣。知道這一點，就比較清楚平日的言行舉止該如何改變。

或許有人知道了目前所在地，反而發現「自己原來是這樣的人」，因而沮喪失落。但其實大可不必如此，因為**當你知道了現在的自己，自我改造計畫就已經成功一半了**。不知道目前所在地的人，光靠毅力和熱情，只會像無頭蒼蠅一般，到不了目的地。清楚「理想的自己＝目的地」，也明白「現在的自己＝目前所在地」的人，才有辦法朝著正確的方向努力，一步步邁向終點。

掌握目前所在地的方法②：自我盤點

❶最喜歡自己的哪些地方
❷曾經被別人稱讚過的事情
❸專長與才能
❹人生中最重視的事

首先寫出自己覺得討喜的地方。

接著寫出自己覺得不討喜的地方。

❶最討厭自己的地方
❷想改掉的不滿之處與缺點
❸壞習慣
❹常被周遭指責的事

這些都盡可能寫出來，「現在的自己＝目前所在地」就會越來越清晰。

透過清楚的白紙黑字，冷靜地重新面對自己的「本性」。

培養習慣時，「目的地」和「目前所在地」必須要量身配套設定。

03 我是為了什麼而努力？

我們在培養一個習慣時，心懷目標比較容易堅持下去。
如果是「為了某個人」，甚至會願意付出好幾倍的努力。

沒有目標絕對無法持之以恆，所以一個習慣想要堅持下去，就必須先問自己「為了什麼理由」。目標不必是「貢獻社會」這種偉大願景，一開始「**只為了滿足自己的欲望與渴求**」也沒關係。在你為了自我欲求而對眼前事物全力以赴的過程中，目標還會逐漸變化。

一開始「只為了滿足自己的欲望」就可以了

一開始只是「自己的欲望與渴求」也沒關係。但是，對眼前的事都必須全力以赴。

我想當老闆

我想賺大錢

我想住豪宅

「為了〇〇」是堅持習慣的最大原動力。

話說回來，若我們要執行的是遠大目標或艱難任務，光是「為了自己」會很難堅持下去。但如果目的是「**為了某人**」時，我們就會更願意多努力好幾倍。如果你現在只看到「為了自己」這個目的，不妨**提高眼界**再努力看看。寫下「我是○○」，拉高眼界，或許是思考「能否為身旁的人做些什麼」的契機。

眼界提高，想法也會跟著改變

就像站在高處有更寬廣的視野，把眼光放遠，就能看見更廣大的世界。

世界

國家

個人

同業‧地區

家庭

公司‧學校

為了提升眼界，不妨寫下「我是○○」。

認清自己所屬的特定團體，有助於激發要為現在所處環境做些什麼的想法。

☑ 我是男人
☑ 我是父親
☑ 我是日本人
☑ 我是○○的職員
☑ 我是東京都民

盡力思考，試著寫出二十個以上的目標。

04 誠實面對自己的 「藉口清單」

培養習慣的阻礙就是「惡魔的呢喃」。勇敢面對「惡魔的呢喃」一定會有收穫。

一個習慣執行兩個星期後,你也許會覺得:「這個習慣差不多養成了吧。」此時,腦海中可能會開始浮現一些疑問:「習慣養成了又怎樣?」「上班已經夠忙了,可以休息一下吧?」。這正是過去的壞習慣累積成你的本性,變成**惡魔的呢喃**來考驗你了。不過,面對「惡魔的呢喃」,一定會有所收穫。藉著這些「呢喃」,你才能看清一直以來的生活。

正視「惡魔的呢喃」是了解自己本性的機會

現在不做也沒關係。

你的本性
凡事都想等一下再說。

你的本性
每次都推託說工作忙。

因為工作很忙…

面對「惡魔的呢喃」就是了解自己「本性」的好機會。

堅持兩週後,回顧這段時間自己的行為和想法變化的起伏。

這兩週的行為和想法變化,可說是截至目前為止你的「人生縮圖」。

與「惡魔的呢喃」一樣，可能阻礙習慣養成的就是「**藉口**」。「今天好冷，慢跑就休息一次吧。」很多人都會講這種藉口，漸漸地習慣就中斷了。不過，每個人都會不經意地幫自己找藉口，所以我並**不主張「禁止找藉口」**，而是建議列一張「藉口清單」，每天注意自己有沒有找藉口，長期下來，造成挫折的「藉口」一定會逐漸減少。

利用「藉口清單」慢慢減少藉口

把所有藉口都寫在紙上，提醒自己一一減少。

❶將藉口寫出來

回想自己經常脫口而出的藉口，或是曾經說過的藉口，全部寫在紙上。

張貼在自己的房間、辦公桌、記事本裡，任何平時視線觸及的地方都可以。

❷張貼藉口清單

藉口全部寫出來後，把清單貼在視線常見的地方。

❸每天確認

時時確認藉口清單，提醒自己「今天又講了這個藉口」、「明天絕對不能再講」。

我已經不會再講這個藉口了！

要將藉口清空是非常困難的，但時時刻刻提醒自己，才能擺脫依賴藉口的人生。

❹畫線刪除

每天反覆地確認，當你覺得「這個藉口已經不會講了」，就可以劃掉，一個一個慢慢刪去。

05 在人生結束時，我們會後悔的二十件事

為了人生沒有遺憾，最重要的是相信自己，大膽挑戰。

美國曾經針對八十歲以上的高齡者進行一項問卷調查：「**人生最遺憾的事是什麼？**」結果發現超過70%的人都給出相同的回答，那就是「沒有勇於挑戰」。為了不留遺憾，唯有相信「自己辦得到！」，不斷挑戰，才能創造精采無憾的人生。

人生結束時會後悔的二十件事

①不該介意別人怎麼想

②應該要更珍惜幸福

③應該多為他人奉獻

④不該總是杞人憂天

⑤應該多陪伴家人

⑥應該多關懷身邊的人

⑦不該生活在不安當中

⑧如果有更多時間…

我相信這本書的讀者都還沒有八十歲，但每個人終究會有面臨死亡的那一天，我們都希望到了最後那一刻「此生毫無遺憾」。只要你願意，人生在「投入勇氣」那一刻就會發生劇變，現在開始著手改變自己的人生吧。

⑨應該要更大膽冒險

⑩應該更重視自己

⑪應該相信自己的直覺，不被他人左右

⑫應該多旅行

⑬應該多談戀愛

⑭應該更珍惜每分每秒

⑮應該讓孩子做喜歡的事

⑯不該與人爭執

⑰應該多順從自己的熱情

⑱應該為自己多努力

⑲應該多說自己的真心話

⑳應該要達成更多目標

超強習慣養成
88個史上最強
圖解心法

Chapter 03

實踐！每個人都能做到的「習慣養成術」

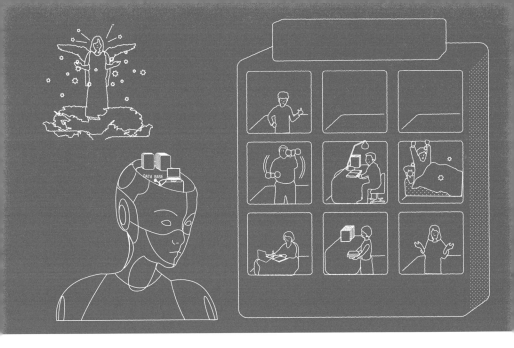

就算只是三分鐘熱度，
這個經驗對下一次的習慣培養
也能提供有益的參考資訊。

接下來要開始實踐了。不用擔心，這一點都不難。就從
「先試試看」、「每個人都做得到的事」開始就好。
切記，就算無法堅持，也不苛責自己。挫折也是很好的
經驗。

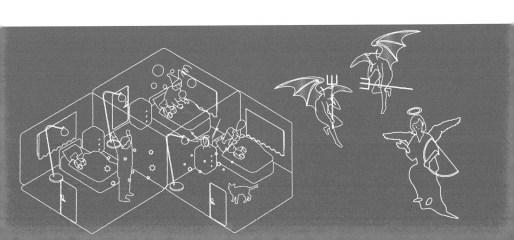

01 從「每個人都做得到」的小事開始

如果你想改變人生，就先從日常生活中小小的習慣開始累積。

如果你想藉著培養習慣改變人生，就從「**小小的習慣**」開始吧。雖說要改變自己，也不能突然做什麼大事。改變人生不是一蹴即成，必須從日常生活中的小習慣開始累積，漸漸融入你自己的本性，才能徹底改變。

「小小的習慣」舉例

這裡有一個重點，比起「堅持做什麼事」，更重要的是實踐「堅守與自己的約定」。我們的大腦總是會被過去的訊息操控著情緒，所以記憶中只要有一件堅持下來的成功經驗，當我們要開始做另一件事情時，心情自然會產生期待，想著：「我一定做得到！」而且還會樂在其中。一件又一件小事，都能夠堅持下來的話，將會形成一股巨大的力量。長期累積，等你回顧時將會發現，人生已經大大地改變了。而入口就是這些「小小的習慣」。

小小的習慣改變全體員工的案例

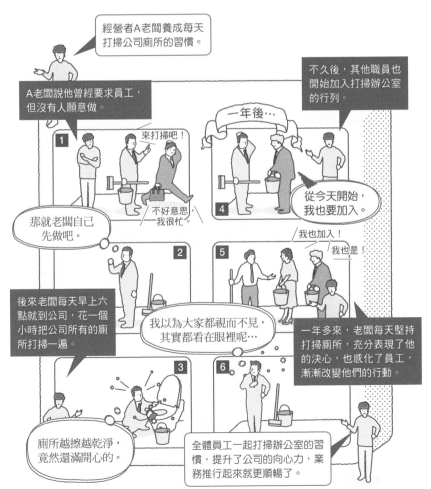

經營者A老闆養成每天打掃公司廁所的習慣。

不久後，其他職員也開始加入打掃辦公室的行列。

A老闆說他曾經要求員工，但沒有人願意做。

一年後…

1 來打掃吧！

不好意思，我很忙。

4 從今天開始，我也要加入。

那就老闆自己先做吧。

我也加入！

我也是！

2

5

後來老闆每天早上六點就到公司，花一個小時把公司所有的廁所打掃一遍。

我以為大家都視而不見，其實都看在眼裡呢…

一年多來，老闆每天堅持打掃廁所，充分表現了他的決心，也感化了員工，漸漸改變他們的行動。

3

6

廁所越擦越乾淨，竟然還滿開心的。

全體員工一起打掃辦公室的習慣，提升了公司的向心力，業務推行起來就更順暢了。

「先試試看」有它的價值

以輕鬆的心態「先試試看」，藉此了解「自己的本性＝過去養成的壞習慣」。

即使只是一個「小小的習慣」，如果一開始就給自己壓力，心裡認定：「一定要堅持下去！」反而會得到反效果，無法繼續下去。這是因為大腦中儲存了過去的記憶：「堅持是一件苦差事。」因此，我們要改為將思維從「**堅持**」改成「**開始**」。抱著「總之先試試看」的念頭起步。

要思考的不是「堅持下去」，而是「開始行動」

在持續一個「小小的習慣」之前，「先試試看」的心態是有意義的。
即使是很小的事情，當你與自己約定要嘗試，一定會發現過去從未自
覺的「本性」。你很可能堅持了最初的第一個星期，第八天開始卻鬆
懈下來，又或者第一天就受到挫折。無論如何，「先試試看」，這麼
做之後，應該就可以了解過去的自己是以什麼樣的心態一路走來。

抱著「先試試看」的心情，面對過去的自己

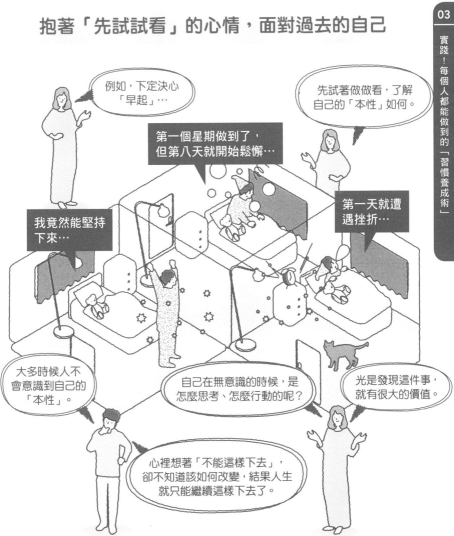

03

「非做不可」的心態 是挫折的源頭

想要開心地堅持一個習慣,就誠實面對「想做」的心情和興奮感。

培養習慣時,如果不想遭受挫折,一定要慎重考慮「**想做**」與「**不想做**」的心情。面對「想做」的事,大腦產生的興奮感能讓我們愉快地持續做下去。但對於「不想做」的事,大腦則會覺得好厭煩、想逃避。所以先誠實看待自己的「喜惡」,只要堅持想做的事就好了。

培養習慣時不要說「非做不可」

非減肥不可

非去慢跑不可

非用功不可

「非…不可」一說出口,大腦就會傳達負面情緒,產生義務感和壓力。

結果就是,興奮和期待感蕩然無存。

你應該做的是享受努力做正確的事,要時時牢記這點。

我們經常不知不覺被「**非做不可**」的思維束縛，但其實這正是挫折的根源。「非做不可」讓人倍感壓力，會使潛意識想要排解消除。大腦為了迴避壓力，會發出「去追求欲望」的訊號，促使我們也跟著順勢放棄：「今天做到這樣就夠了吧。」所以，要堅持一個習慣，必須以好好珍惜令你興奮不已、迫不及待想實現的夢想為前提。

好好珍惜會令你興奮和期待的夢想

像這樣專注於「想做」的事，大腦自然會為了接近目標採取必要的行動。

如果減肥成功，我要去買時尚品牌的洋裝來穿。

如果減肥成功，我要穿比基尼去海灘和泳池。

當你想要說出「非做…不可」時，不妨試著改成右邊的說法

換句話說，只要「理想的自己」夠清晰，就不必特意提醒自己「非戒甜食不可」，也能自然而然迴避阻礙減肥的行動。

非做…不可

早就想做…了！
我要～
讓我來…

把說法改成，「早就想做…了」，讓大腦習慣「期待未來」。

59

04 不要力求「完美」

人類其實是很脆弱的生物。一開始就追求「完美」，注定最終挫折收場。

培養習慣時遭遇挫折的最大原因之一，就是力求完美。想要培養習慣，那就**先降低門檻**吧。人類其實是很脆弱的生物，總會有提不起勁或是很想睡覺的時候。這時不妨轉念：「捲腹訓練做一次就好。」「解一題就可以了。」藉此**自我肯定**，「我還是有堅持做這件事。」與其糾結「堅持做到最好」，先做出「成功堅持一件事」的成績。

總之先降低門檻

享受培養習慣的方法之一就是「**玩遊戲闖關的感覺**」。不要逼自己「執行決定的事」，相反地，如果嘗試用「玩遊戲闖關」的方式，執行起來會容易感到開心。例如決定「每天走八千步」，在一天結束的時候看計步器的成果，就能享受像打電玩遊戲破關那樣的成就感。然後把成果記在月曆上，讓達成率具體可視化，實際感受到自我升級的進步。像這樣把培養習慣「當作遊戲」，也能提升動力。

用「玩遊戲闖關的感覺」提高動力

▶假設你決定「每天走八千步」…

05 設定可以持續執行的習慣「機制」

為了持續一個習慣，設定自然而然會去做那件事的機制，是很有效的方法。

持續一個習慣時，最好能設定對應的執行「**機制**」。在習慣形成期間，熱切地想要「做這件事！」是很重要的關鍵。光靠意志或韌性並不是長久之計，若能設定自然而然就做到的機制，建立習慣便不是難事了。其中一種方法是，**把別人拉進來**。找一個人，並對他說：「我要這麼做。」或是固定對別人做某種行為，習慣的養成自然而然就能繼續下去。

機制 A：把別人拉進來

另一個有效的機制設定是**決定時間和地點**。如果只是決定「每天做」，可能會發生「今天很忙，沒時間」、「不小心忘記了」的情況。但是若明確定好「**時間・地點**」，就能確實地將行動安排在每天的生活當中。在各種場合或時間點先嘗試看看，找到最適合自己的「機制」吧。

機制 B：決定時間・地點

06 聰明人會有策略地執行「前一個習慣」

為了持續「決心要做」的習慣,必須隨時意識「前一個」習慣。

不能維持習慣的人有一個共通點,他們都沒有意識到**「前一個習慣」**的重要。假設我們決定「早上五點起床」,大部分的人只知道要堅持每天早起,卻忘記還有一件重要的事,那就是應該要決定「幾點上床就寢」。如果常常熬夜,或是出去吃喝玩樂到三更半夜,想要隔天早上五點起床根本是不可能的事。

隨時決定「前一個習慣」

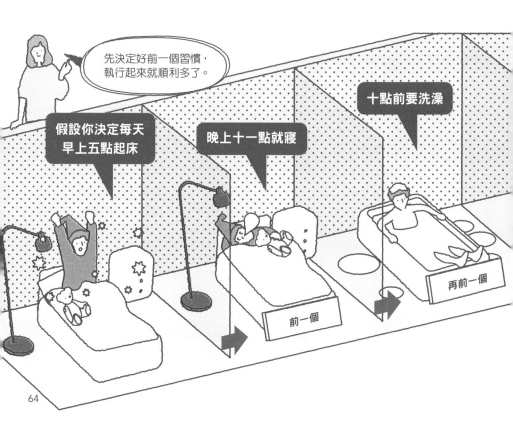

如果你決定每天早上五點起床，也必須決定「晚上十一點上床就寢」。這就是「前一個習慣」。如果要培養早上去跑步的習慣，前一晚就把運動服準備好再睡覺。想培養在通勤電車上讀英文的習慣，就要隨身攜帶英文書。決定好前一個習慣，執行起來就會很順利了。

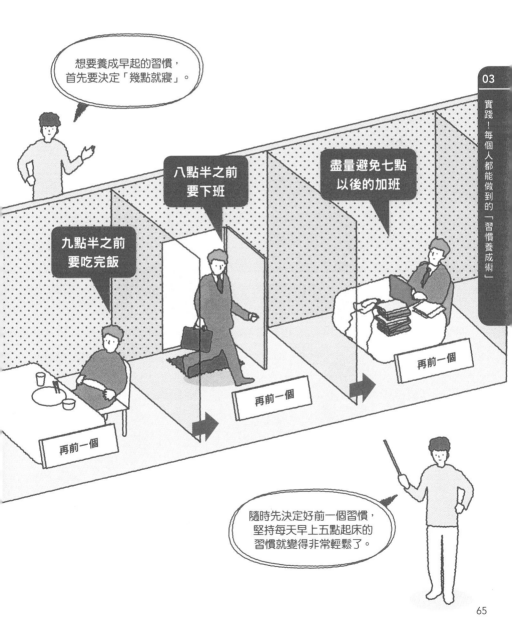

07 慎重看待「理所當然的事」

心裡時常記著要「慎重行事」，無論做什麼事情都會自然而然抱持謹慎的態度。

再怎麼好的習慣，如果總是草率執行，就表示這個人的「本性」也如此草率。在公司與同事打招呼，應該要挺直地站在對方面前，看著對方的眼睛，好好地說聲「早安」。**凡事謹慎以對**，日積月累下來，人格和品行自然穩重得宜，對待其他人事物也會在不經意間抱持嚴謹的態度處理。

提升習慣的品質，做人的格局也會提升

在社會上，人與人之間打招呼是理所當然的事，但嚴謹執行這理所當然的人到底有多少呢？

我是上司，應該是部下過來打招呼吧。

我的年紀比較大，應該是對方先來打招呼吧。

心中會有這種糾結的人，表示他平常沒有慎重打招呼的習慣。

能否嚴謹慎重地執行理所當然的事，端看你的「本性」。

08

如實記錄「做過的事」感受自我成長

每天把培養習慣的相關大小事都記錄下來，你將會感受到自己的成長，並樂於每天的省思。

培養習慣的時候，與成就感同樣重要的就是感受成長。在習慣形成之際，<u>堅持本身就是一種成長</u>，假如我們每天把「做過的事」記錄下來回顧、省思，就能**感受自己的成長**。在一天結束時寫寫日記，也是很有效的方法。任何內容都可以，幾個禮拜下來，你一定能夠實際感受到自我的成長變化。如果能夠做到這樣，每天的回顧就會變得更開心。

設定期限也是一種方法

與「降低門檻」一樣，「設定期限」也是持續新習慣的有效方法之一。不過，記得在期限內要堅持下去喔。

從今天開始，堅持三個月！

一旦決定了，一輩子都非做不可嗎？我有點沒信心啊…

假設你決定「堅持九十天」，只要有執行，就會產生培養習慣的效果。在這期間當中，寫日記記錄下來，日後回想這一段時光，就能感受到自己確實成長了。

09 有時候「表面工夫」很有效

在培養習慣的時候做「表面工夫」，有助於產生更期待的心情，有時候甚至還會加強「趨近反應」。

看到「**表面工夫**」，可能有人會覺得很膚淺。不過，在培養習慣的時候，表面工夫的確有其效果。例如你決定要每天跑步，買一套喜歡的運動服和運動鞋，就表示你已經下定決心宣告：「我準備好了！」又例如你想培養閱讀的興趣，買一個高級書套，或許更能享受每天拿起書本的樂趣。

「表面工夫」會增加行動的興奮感

「表面工夫」還有一個效果，既然我們為了培養習慣已經「投資」重金，自然會想著「**一定要回本**」。不過，有一點必須注意，「投資」太高額，也可能變成心理負擔，結果適得其反。我們想要的效果是「興奮感」，不是「壓力」，為了「表面工夫」的投資也應控制在適度範圍。

「表面工夫」的五個方法

❶購買喜歡的工具
購買筆或筆記本等喜歡的文具，增加興奮感。

❺到圖書館或自習室
有別人在的場合，能督促自己「要好好用功」，會更加專心。

「表面工夫」的方法不僅限於購買東西。

❷整理書桌
用功之前先把書桌整理好，大腦獲得適度的刺激，有助於提升動力。

例如，想要培養讀書的習慣，❷和❺的方法也很有效。

❹報名參加講座、考試等活動
花錢參加收費講座會督促自己「要好好學習才能回本」的念頭。另外，報名證照考試等，可以給自己適度的壓力。

❸購買教材
購買教材等這類主動接近必要的事務也很有效。

堅持不了設定目標，也不要苛責自己

就算習慣中斷了，也不必為此感到難過。三分鐘熱度的經驗是培養下一個習慣的必經過程。

如果習慣沒有持續下去，不要自責。一個習慣遭遇挫折，再設定下一個習慣就好了。「三天就失敗了」這個經驗本身就是寶貴的教訓。有過這樣的經驗再啟動一個新的習慣，並且堅持下來，前一次的挫折就不算失敗。所以包含挫折在內，都是很好的經驗。

「三分鐘熱度」也是寶貴的經驗

就算曾經**三分鐘熱度**，還是會有想要「再試一次」的時候。如果能夠不間斷，堅持到底當然是最好，但就算偶爾休息，也比「什麼都不做」有進步。持續了三天也算是一種成果，讓自己多點自信，「沒什麼事是做不到的。」三分鐘熱度的經驗會變成我們心裡習慣養成的一個開關，所以不用害怕，盡量勇敢挑戰新的習慣吧。

就算重頭再來很多次，也不是「失敗」

❶有持續三天的成績就能建立自信

上次減肥三天就瘦了一公斤。

如果我能堅持一個月，應該可以瘦三公斤！

就算是三分鐘熱度，如果稍微有點成績，也會產生「我做得到」的自信。

❷如果遇到挫折，再開始下一個習慣就好了

也許是這目標不適合我。

我再挑戰別的習慣！

只要願意一直挑戰，所有的失敗都是「寶貴的經驗」。

如果目標習慣沒有堅持下來，應該「只是不適合自己而已」，還有很多習慣可以培養，下次或許就能堅持。

11 適時「喘口氣」和 「獎賞自己」也很重要

我要再強調一次，培養習慣嚴禁「力求完美」和「非做不可」。感覺到實踐困難時，不要猶豫，把門檻降下來吧。

培養一個時間耗費較長的習慣，「每天一定要做」往往有困難。每個人都偶爾會有比較疲勞或低潮的時刻，這時不要再逞強，「一星期休息一次也OK」、「五天可以有一次執行50％就好」等，先預想執行過程可能會出現的困難，並增加一個自我調適的規則因應，中途遭遇挫折的情況也會變少。

不鑽牛角尖，以持續執行為最優先目標

還有一個方法可能很老套，為了維持執行的動機，「**獎賞自己**」相當有效。例如規定一個期限，堅持十天就可以去吃一頓高級午餐，或是每次品嘗一杯咖啡，這種簡單的獎勵也很好。甚至可以用集點的方法，點數越多，獎勵就越大，這樣執行起來也會很開心。

設定獎賞的祕訣

12

「一步一腳印」
才是最快的捷徑

一個習慣的養成不可能馬上看到成果，堅持下去，你才能越來越接近理想的自己。

「持續習慣的時間」與「成長進度」並不一定會成正比。初期可能會有段時間怎麼做也感受不到進步。又或者開始之後，非常有感地經過一段時間，後來突然感覺成長停滯。這時候「惡魔的呢喃」就會來了。如果在這裡放棄了，成長也將完全停止。

到達「成功分歧點」之前，無法感受到自己的成長

面對惡魔的呢喃，只要你清楚知道自己的目標，「我為了什麼而努力…」「堅持下去，有人會為我開心。」就會有動力相信自己一定會成為更好的人，並繼續努力向前。這就是「**成功分歧點**」。克服這個分歧點，你將更接近理想的自己，或是感覺理想的自己就在前方不遠處。走到「成功分歧點」之前，相信習慣的力量，實實在在的堅持，就是成長的最快捷徑。

一旦越過成功分歧點，你會猛然發現「我進步好多！」

不知不覺已經來到這麼高的地方了…

就像一個急轉彎，突然感受到成長的變化。

再怎麼堅持也沒有意義…還是算了吧。

成功分歧點

在成功分歧點的那一刻到來之前，會有很長一段時間感受不到自己的成長。唯有仍然堅持努力的人，才能成為理想的自己。

心態致勝，「決定好就付諸行動」

開始培養習慣的時候，不必想要「做大事」，累積「小小的成功體驗」才是最重要的。

培養習慣，**要關注的焦點不是「品質」而是「數量」**。當我們開始培養習慣時，往往會想要「做大事」，或是「追求完美」，但其實更重要的是成功體驗。「遵守了與自己的約定」這樣的成功體驗累積得越多，就會相信「自己是個說到做到的人」。

「決定力＋行動力」會大大左右人生

每天固定時間起床

每天至少跑一公里

回到家把門口的鞋子擺整齊

在日常生活中，避免「不經意的行動」，記得要「決定後再行動」。

回到家一定要丟三個垃圾

沒有必要做什麼大事業，「固定時間起床」、「飲食只吃固定分量」這些不起眼的小事也好，決定了就行動吧。執行自己決定的事，大腦就會記得「我做到了」這樣的成功體驗，長期累積下來，習慣自然會融入我們的人格品行當中。所以，首先要把**「決定好就付諸行動，保持做決定的習慣」**這件事時時放在心裡。

每天寫日記

吃飯時決定分量後再吃

每天對家人說「謝謝」

每天固定時間就寢

每天冥想十分鐘

睡前擬好隔天的計畫

在公司主動看著對方打招呼

在通勤電車上閱讀

以大腦為武器，
強化習慣的力量

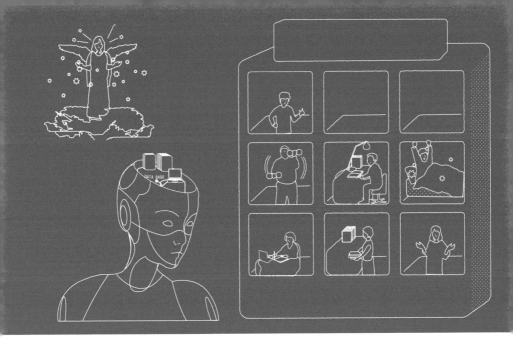

反覆的正面輸出，能讓我們無論
遇到什麼狀況，大腦都會相信
「我一定做得到！」

大腦與習慣的關係密切。藉著對大腦做一些有效的刺
激，新習慣的培養就會變得輕而易舉。我們的思考和行
動必須轉為正向思維，才能引導大腦正向運作。

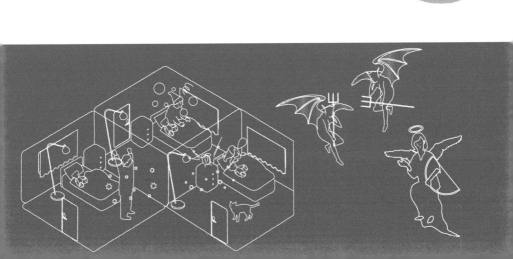

01 認識習慣養成的四大系統

我們的一切行為都受大腦控制，只要好好了解「大腦特性」，就能提高習慣形成的成功率。

在前面的章節我們介紹過「大腦」與「習慣」之間的密切關係。成功培養習慣的捷徑，就是先了解操控行為的「**大腦特性**」。這一章要深入探討大腦與習慣的關係，說明如何在不受挫折的情況下建立堅定的習慣。不過在此之前，我們必須先知道「習慣」也有分種類。

形成「習慣」的四大系統

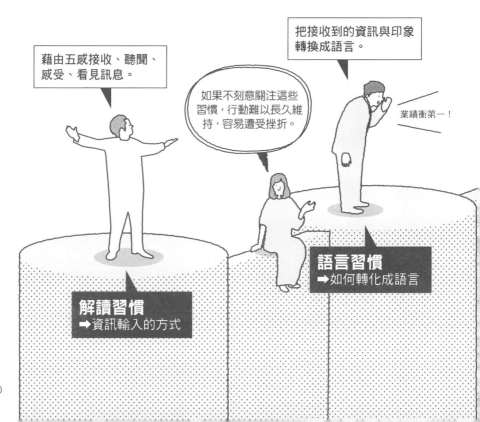

一般來說，我們所稱的「習慣」其實是由以下順序發生的四種習慣所構成：「**解讀習慣**」、「**語言習慣**」、「**思考習慣**」、「**行為習慣**」。而許多人所認知的「習慣」，應該屬於這四種習慣當中的「行為習慣」。事實上，在我們行為表現出來之前，要經過「如何輸入資訊」、「如何轉化成語言」、「如何思考」等步驟。所以，要改變「行為習慣」，必須要先改變「解讀習慣」、「語言習慣」與「思考習慣」。

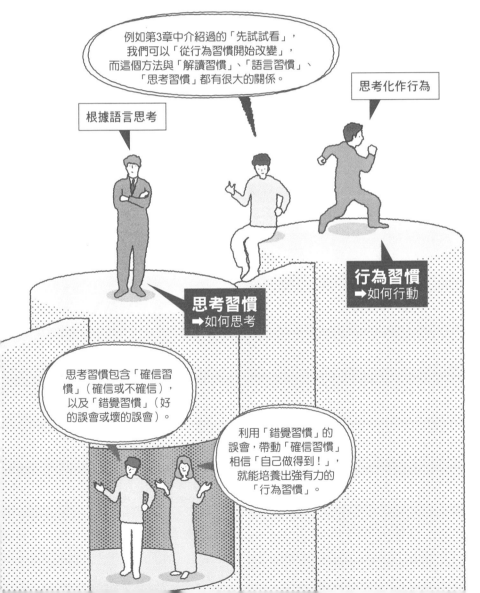

例如第3章中介紹過的「先試試看」，我們可以「從行為習慣開始改變」，而這個方法與「解讀習慣」、「語言習慣」、「思考習慣」都有很大的關係。

根據語言思考

思考化作行為

行為習慣
➡如何行動

思考習慣
➡如何思考

思考習慣包含「確信習慣」（確信或不確信），以及「錯覺習慣」（好的誤會或壞的誤會）。

利用「錯覺習慣」的誤會，帶動「確信習慣」相信「自己做得到！」，就能培養出強有力的「行為習慣」。

大腦做出喜惡結論只需要0.5秒

我們的大腦接收訊息後，只需要0.5秒就會判斷出該開心還是不開心。

前一節說明了習慣是順著「解讀」→「語言」→「思考」的流程。那麼，從「解讀」到「思考」要花多少時間 呢？答案是，**僅僅0.5秒**。透過我們的五感獲得訊息需要0.1秒傳送到大腦新皮質（知性腦），接著傳遞到大腦邊緣系統（情緒腦）。情緒腦會花大約0.4秒的時間搜尋過去的記憶，判斷剛輸入的訊息有什麼含意。接收訊息的0.5秒後，杏仁核便會判斷出開心或不開心的結論。

遇到事情，大腦0.5秒就會做出結論

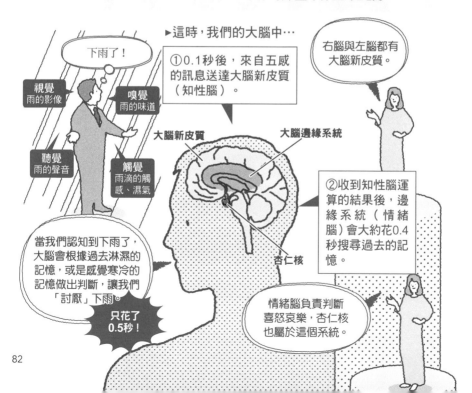

這裡有一個大問題，大腦搜尋的過去記憶中，負面訊息比正面訊息更加根深蒂固。因此，杏仁核幾乎都會判斷為「不開心」，產生「做不到」、「沒辦法」這些負面思考。只要一不留神，我們就會不由自主啟動負面思考。培養習慣容易中斷的原因，就是我們的大腦在無意識的狀態下，容易陷入負面思考。

容易陷入負面思考的大腦迴路

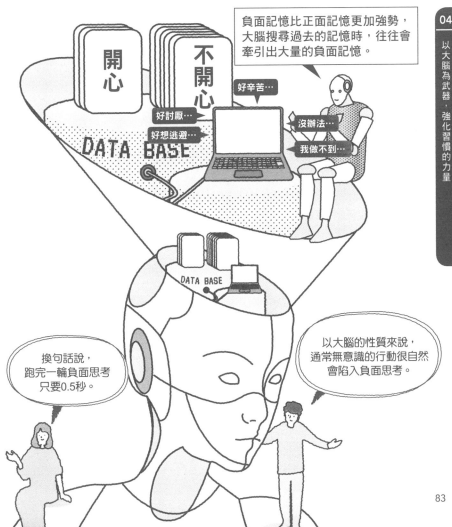

03 比起外界資訊輸入，大腦更相信自己的輸出結果

刻意為之的正面輸出，可以對容易陷入負面思考的大腦進行「洗腦」，引導往樂觀的方向。

我們都有一個容易陷入負面思考的大腦。但只要懂得利用大腦的另一個特性，就能將思考或想像轉換成積極正面的態度。這個特性就是，相比「輸出」與「輸入」，大腦更相信「輸出」。換句話說，就算你認為「自己辦不到」，也要說「**好，我試試看**」。這麼一來，大腦就會更相信你親口輸出的話，在過去的訊息中搜尋，找出與「試試看」相關的正面記憶。

大腦相信「輸出」遠勝於「輸入」

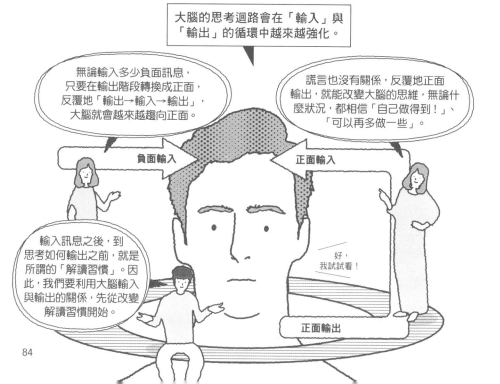

大腦的思考迴路會在「輸入」與「輸出」的循環中越來越強化。

無論輸入多少負面訊息，只要在輸出階段轉換成正面，反覆地「輸出→輸入→輸出」，大腦就會越來越趨向正面。

謊言也沒有關係，反覆地正面輸出，就能改變大腦的思維，無論什麼狀況，都相信「自己做得到！」、「可以再多做一些」。

負面輸入

正面輸入

輸入訊息之後，到思考如何輸出之前，就是所謂的「解讀習慣」。因此，我們要利用大腦輸入與輸出的關係，先從改變解讀習慣開始。

好，我試試看！

正面輸出

刻意「輸出」振奮人心的內容幫大腦轉為正向思考，最要緊的是把握瞬間反應的輸出。如前面所述，大腦的負面思考只需0.5秒，換句話說，如果外界資訊輸入0.2秒後立刻說出「好，我試試看」，大腦就沒有空檔去搜尋過去的記憶。但如果不是刻意為之，0.2秒之內要脫口而出積極的反應其實很困難。我推薦一個好方法：**事先想好「關鍵口號」**。設想一天當中可能發生的各種狀況，先決定「要說什麼話」，需要的時候立刻能派上用場，及時將大腦切換到正向思考。

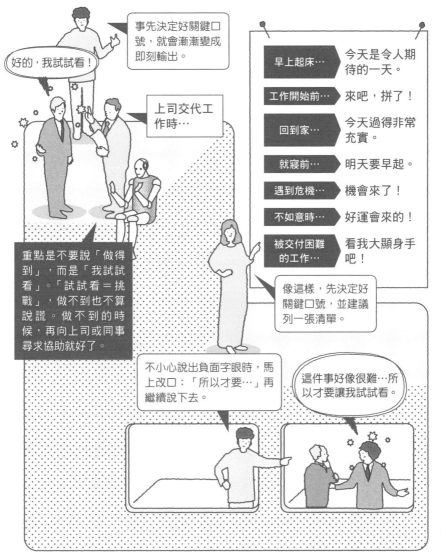

04

改變措辭，
引導大腦積極向上

藉由改變語詞的意思誤導大腦，讓好習慣保持下去，或戒掉壞習慣。

想改變「解讀習慣」，我們也可以利用「語言習慣」，那就是**改變語詞的意思**。舉例來說，當我們輸入「運動」這個字，大腦會從過去的記憶中找到「運動很辛苦」的訊息，然後判斷這是「不開心」的事。那麼，如果將「運動」改成「健康」，會有什麼結果呢？換句話說，把「我要開始運動」說成「我要變健康」，大腦就會產生「趨近反應」，因此變得想要運動。

措辭改變大腦的神奇魔法

好習慣：「迴避反應」⇨「趨近反應」

正要跑步
➡正要提升體力！

正要用功
➡正要奮發向上！

正要做明天的計畫
➡正要把明天期待的事列出來！

正要打掃廁所
➡正要改運了！

正要閱讀
➡正要邁向知性的自己！

另一方面，當我們輸入「蒙布朗蛋糕」，大腦便會從過去記憶中找到「蒙布朗蛋糕很好吃」的訊息，判斷「吃蒙布朗蛋糕屬於開心的事」。如果是正在減肥中的人，把「我要吃蒙布朗蛋糕」說成「我要吃醣類和脂肪的綜合體」，大腦就會做出「迴避反應」，對甜食產生戒心。像這樣改變語詞的意思，大腦自然而然會很老實地被我們誤導。

05 利用「姿勢」或「表情」強化大腦正面思考

除了說話,刻意做出代表正向的「姿勢」和「表情」,大腦思考也會變得積極正面。

除了說話,動作和表情變得正面時,解讀習慣也會變好。就像「關鍵口號」,「**關鍵姿勢**」也能產生同樣的效果。例如勝利姿勢,就是一個很好的關鍵姿勢。當我們用力握拳,心情自然而然會感覺「成功!」、「好,我要試試看」。所以無論發生什麼事,事先決定好「反正就做出勝利姿勢」,大腦就會相信這個輸出結果,趨向正面思考。

負面輸出的姿勢和表情

另外，也要留意「**表情**」的正向輸出。方法很簡單，隨時保持嘴角上揚就好了。當我們產生「開心」、「高興」等正面情緒，嘴角自然而然會上揚，露出笑容。即便沒什麼開心的事，刻意地揚起嘴角，大腦也會以為「發生好事了」。覺得難過或低潮的時候，更是要保持嘴角上揚的習慣，引導大腦正向思考，強化積極樂觀的心態。

善用「姿勢」和「表情」讓大腦正面思考

06 寫下每天發生的「好事」

每天寫出「三件幸福的事」，對大腦輸入正面訊息。

還有一個正面輸出的方法也值得試試：把每天感受到的喜悅和快樂、幸福寫下來。書寫也是一種「輸出」，每天保持這個習慣，就是加強輸出的訓練。具體來說，回顧一天，寫下三件幸福的事，例如「**通勤途中的喜悅**」、「**職場上的快樂**」、「**家庭的幸福**」等。即使是很小的事情也沒關係。

每天寫下「喜悅」、「快樂」、「幸福」的心情

關注日常生活中的「小確幸」，然後把它寫下來。

今天也發生好多幸福的事…

家庭的幸福

☑回到家時，洗澡水放好了
☑孩子們暑假作業寫完了
☑晚餐是我最愛吃的
☑孩子們熟睡的樣子真可愛
☑棉被剛曬過，好舒服呀（隔天補記）

這個訓練能幫助我們理解「世界上沒有什麼事是理所當然的」。例如有人以前認為「公車準時到站是理所當然」，現在發現「公車能夠準時，是因為沒有發生車禍或意外」。換句話說，過去以為是理所當然的事，一旦發現其實一切都是一連串非常幸福的事情所促成，就會對大腦輸入正面訊息。曾經動不動做出負面言行的人，只要保持「正面輸出→正面輸入」的循環，就能改變解讀習慣。

通勤途中的喜悅
- ☑ 電車準時到站
- ☑ 月台很乾淨
- ☑ 步行到公司途中看到美麗的花盛開
- ☑ 在電車中看見有年輕人讓座
- ☑ 月台上看到的夕陽好美

職場的開心事
- ☑ 今天團隊成員都精神抖擻地來上班
- ☑ 出差買回來的伴手禮大家都很喜歡
- ☑ 有人把我的桌子擦乾淨了
- ☑ 客戶寄來感謝信
- ☑ 跟同期的田中好久沒聊得這麼開心了

○○股份有限公司

關注日常生活中的「好事」，即使有些時候「沒什麼好事」，還是能重新發現許多喜悅和幸福。

每天不間斷地記錄下來，有助於磨練你樂觀看待任何事的能力。

07 每日整理大腦空間，清空歸零

一天結束時，清空當天的情緒，隔天大腦就能以最佳的狀態重新開始。

即使知道隨時要留意正向輸出，也是有「提不起勁」的日子。是人都難免會這樣，這也是無可奈何。重要的是，不要把不好的狀態帶到隔天。我非常推薦每天「**清空大腦**」的方法。如同字面意思，就是好好整理當天的情緒，然後一切歸零。清空大腦的儀式一定要在睡前進行，因為睡前十分鐘是大腦的黃金時間。

利用睡前的黃金十分鐘整理大腦

失誤了…

雖然失誤，仍有好的部分，改善對策也做好了。

睡前將今天做得好的事、需要改善的地方、隔天決定要做的事都寫下來，早上起床就可以帶著積極愉快的心情開始新的一天。

熟睡…

真不想去公司…

在睡眠期間，我們的大腦會回放當天的記憶，就像影片倒帶那樣。帶著煩躁的心情入睡，睡眠期間會一直保持煩躁，隔天起床也將以煩躁的心情開始。

今天也要好好努力！

清空大腦的做法很簡單，睡前寫下三件事：**①今天的好事，②今天應該改善的事，③明天的對策和決定**，如此而已。要改變解讀習慣，比起「反省」，我們更需要做的是「分析」。重點是，情緒越負面，越要寫出「好事」。當情緒非常正面時，反而要寫出「應該改善的地方」。反覆地正面輸出，漸漸就能感受到解讀習慣的改變了。

清空大腦的方法

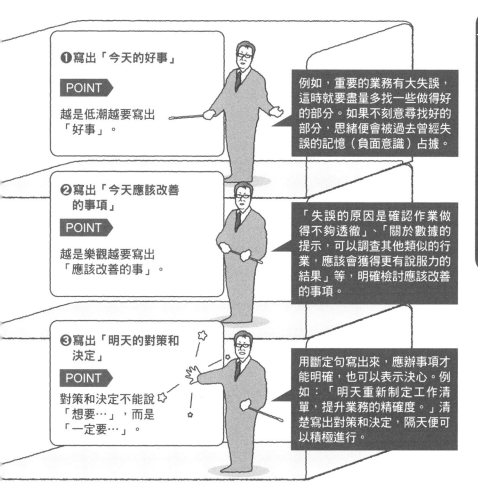

❶寫出「今天的好事」

POINT

越是低潮越要寫出「好事」。

例如，重要的業務有大失誤，這時就要盡量多找一些做得好的部分。如果不刻意尋找好的部分，思緒便會被過去曾經失誤的記憶（負面意識）占據。

❷寫出「今天應該改善的事項」

POINT

越是樂觀越要寫出「應該改善的事」。

「失誤的原因是確認作業做得不夠透徹」、「關於數據的提示，可以調查其他類似的行業，應該會獲得更有說服力的結果」等，明確檢討應該改善的事項。

❸寫出「明天的對策和決定」

POINT

對策和決定不能說「想要…」，而是「一定要…」。

用斷定句寫出來，應辦事項才能明確，也可以表示決心。例如：「明天重新制定工作清單，提升業務的精確度。」清楚寫出對策和決定，隔天便可以積極進行。

08 勾勒一個
令你興奮的美好未來

要讓習慣持之以恆，建立使大腦興奮的思考習慣也是有效的方法。

一個習慣能否保持，完全取決於大腦所判斷的「喜惡」。既然如此，我們就可以利用這點，建立一個能使大腦興奮的思考習慣。在沒有刻意干預的狀況下，大腦會自然而然搜尋過去的負面記憶，做出「不可能成功」的判斷自我局限，阻礙下一步的行為習慣。不過，若能打破思考迴圈，想像令人興奮的未來，大腦便會卸下防備。

描繪「美好未來」的具體方法

❷再具體刻畫成為理想的自己時，各種愉快的狀態

❶想像理想的自己

創業受到同業矚目，或許還會有媒體來採訪。

如果我獨立創設新事業，或許能大展身手。

首先想像「做到這件事，可能會成功」、「如果挑戰這件事，我就太帥了」。

想像「完成這件事會很開心」、「若做出成果就太好了」。

如果你現在還沒有任何夢想，不妨試試想像練習。這個練習並不難，按步驟照著下方插圖的順序，**描繪自己的未來**即可。一開始只要想著「如果我可以⋯」就好了。不必逼自己「絕對要試試看」、「我一定要成功」，而是從「或許可以試試看」、「能做到這樣應該很厲害」開始想像，就不會感覺那麼困難了。

一開始只是「如果我⋯」，來到階段④，就要切換成更強烈的想像「做到是理所當然的」。

❺加強想像成為理想的自己後喜悅的心情

❸想像某人為我開心的樣子

❹預先設想成為理想的自己之前可能發生的問題

創業不僅有意義，而且收入增加，與家人相處的時間也變多了，真的很開心！

如果我創業，老婆會很替我開心，收入增加，而且加班和假日上班頻率也會減少，孩子們一定很高興。

創業就必須建立與事業理念契合的人脈，我一定做得到。

這個階段就不只是想像「如果能成為理想的自己」，而是要想著「我已經成為理想的自己」，開心為自己喝采的樣子。

想像為了成為理想的自己，你需要克服的困難和問題。

想像成為理想的自己以後，會為你開心的人。

既然已經有了具體想像，建議再配合語言習慣，大膽說出：「一年後的我將會獨立創業成功。」大腦會直率地接受並相信這句話，為實現夢想開始行動。

09 將未來視覺化，使夢想更具體生動

寫下未來年表或日記，讓目標具體可見，有助於強化習慣養成。

要使「未來的興奮感」更提升，把未來自己的模樣寫在紙上，是很有效的方法。在紙上寫下未來的計畫，藉著視覺化，讓實現夢想的自我形象更具體。製作「未來年表」是很棒的方法，把心裡想像「如果可以這樣該多好」的事寫出來，從未來依年分編列回現在。看著未來的自己循著年分變化，想像會更加堅定。

為夢想製作「未來年表」

▼「未來年表」的示範
2030年　西點烘焙坊開店
2027年　學習道地的法式甜點，到法國留學
2025年　轉職到嚮往已久的知名法式甜點店
2024年　開始學法語
2023年　成為現在店裡的資深甜點師

將心中希望實現的願望，從未來倒數回現在，逐年依序寫出來。

製作「未來年表」能幫助我們具體描繪自己的未來，漸漸相信「這個夢想真的會實現」。

想像實現「理想的自己」的日子，並寫下那天的日記，也就是「未來日記」，是非常值得一試的招數。例如計畫一年後跳槽轉職的人，就先想像在新公司大顯身手的模樣，一一把可能發生的事詳細寫下來。這份日記可以貼在家中，或隨身攜帶，讓自己時時可見。每次看見都會再次加深對轉職成功的想像，相信「自己做得到」。

寫下「未來日記」，提升期待感

假設你的目標是轉職到知名廣告公司…

▼「未來日記」的示範
轉職來這個公司，到今天已經整整一年了。剛來的時候，職場的氣氛和工作方式都與之前的公司大不同，讓我有點不知所措。現在看起來，這裡才是真正適合我的地方。
今天終於得到主管認可，讓我負責爭取已久的○○公司。
願望得以實現真的很高興。
雖然是個難纏的客戶，但畢竟是企業廣告長期獲得好評的公司，非常值得挑戰！
我一定會製作出萬眾矚目的廣告。
好期待明天開始的工作！！

將自己的未來轉化成視覺可見的形式，把想像烙印在大腦中！這就是提高「未來期待感」的祕訣。

轉職前，先假裝自己在新公司已經如魚得水，寫一篇鼓舞自己的日記。

10 沒有夢想也不要急，它只是來得比較慢

實在找不到夢想的人，不妨想一想「你崇拜的人」或是「過去曾讓你感到興奮的時刻」。

前面介紹了想像未來、提高興奮感的方法，但或許還是有人「實在沒有夢想」。這時不妨想想你有沒有「**崇拜的人**」。想像不出「自己想成為的樣子」，可以從「希望能像他／她一樣」這種簡單的嚮往入門，這對想像未來的自己很有幫助。

應對方法①：找一個「崇拜的人」

另一種方法是，尋找興奮的記憶，還有其他曾觸動你的契機，例如回想「**過去心中的火花**」。對未來沒有期待的人，再怎麼樣也應該曾有過憧憬的夢想，或者小時候喜歡做的事、愉快的經驗等。盡可能把想到的事都寫在紙上，一邊問自己：「過去那個期待未來的我，會對現在的我說些什麼呢？」

應對方法②：回想「過去的期待和興奮」

11 一起暢談夢想的朋友

> 如果能擁有認同自己夢想的朋友，我們一定要好好珍惜，而不支持我們的朋友，可能會成為培養習慣的阻礙……

還有一個方法能有效加強「未來的興奮」，那就是可以與你共同暢談夢想的朋友。當我們訴說未來的夢想時，如果身邊有一個會給予認同的朋友說：「好棒啊！」「你一定可以！」這些鼓勵的話會使大腦更加積極。因為正面輸出是互相回饋、互相影響的，這樣的朋友能讓興奮感提升好幾倍。

鼓勵你實現夢想的朋友

相反的，如果對方總是跟我們的正面輸出唱反調，又會怎麼樣呢？這邊在訴說充滿幹勁的夢想，另一邊卻大潑冷水：「不可能啦！」「很難成功吧……」一正一負當然是沒結果了。要令人失去幹勁其實很簡單，一個人如果成天嚷嚷：「真糟糕……」「很難啊。」「沒辦法……」「糟透了。」「反正一切是白搭。」這樣的人，還是與他保持距離比較好。

12 積極肯定自我，才能打造理想的自己

善意的「欺騙大腦」就是培養習慣的關鍵。換句話說，「善意的錯覺」會帶領我們成就人生。

讀到這裡，你應該已經發現，我們的大腦其實很好騙，這對想要培養習慣的人來說，是一個很方便的特性。再難的事，只要騙過大腦，它就會相信「自己一定做得到」。建立起「**確信習慣**」，人人都可以實現夢想，功成名就。

如何建立「確信習慣」

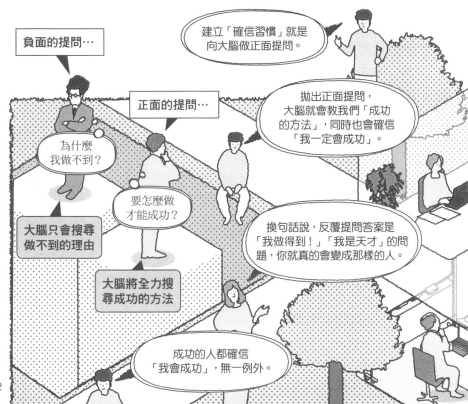

負面的提問…

建立「確信習慣」就是向大腦做正面提問。

正面的提問…

拋出正面提問，大腦就會教我們「成功的方法」，同時也會確信「我一定會成功」。

為什麼我做不到？

要怎麼做才能成功？

大腦只會搜尋做不到的理由

換句話說，反覆提問答案是「我做到了！」「我是天才」的問題，你就真的會變成那樣的人。

大腦將全力搜尋成功的方法

成功的人都確信「我會成功」，無一例外。

既然大腦這麼容易被騙，這意味著什麼呢？這表示「一切都只是我們自己的想像」。既然我們一直在誤導自己，不如就讓好的錯覺從善如流。好的錯覺習慣，稱為「**良好的錯覺習慣**」，而壞的錯覺習慣就叫做「**差勁的錯覺習慣**」。建議大家一定要試試本章所介紹的方法，建立良好的錯覺習慣。

對大腦說謊，製造「美好錯覺」

超強習慣養成
88個史上最強
圖解心法

Chapter 05

保持好習慣，
戒掉壞習慣

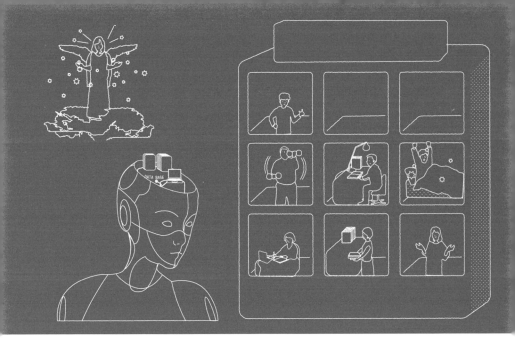

保持好習慣，戒掉壞習慣，
所有事都會往好的方向前進！

習慣改變，人生的一切也會跟著改變。工作、學業、人
際關係，全部都會往好的方向動起來。本章將依各種主
題介紹成功培養習慣的重點。

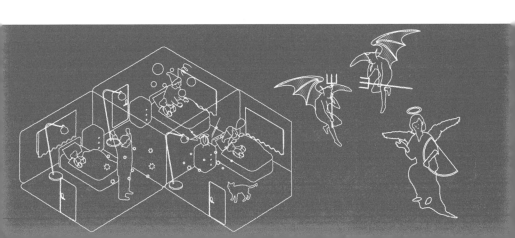

01 保 持好習慣① **早起**
▶**回推前一個行動**

想要培養早起的習慣，就得先決定好前一個行動，也就是「就寢時間」。

想要早起，必須先決定好時間，例如：「我要每天六點起床。」你可以會想：「這種理所當然的事情也要決定嗎？」然而，其實很多人沒辦法保持每天早起，就是因為他們沒有好好定義「自己所說的早起，到底是幾點起床」。定好起床的時間後，再回推**前一個行動**「就寢時間」。

培養「早起」習慣的方法

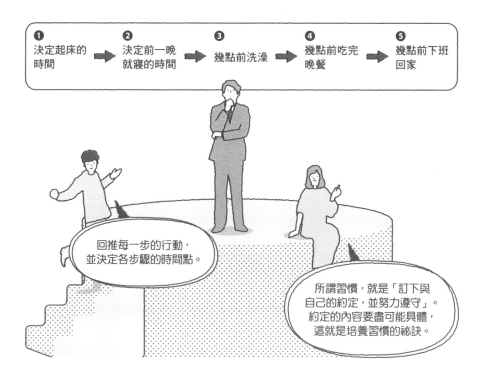

❶ 決定起床的時間 ➡ ❷ 決定前一晚就寢的時間 ➡ ❸ 幾點前洗澡 ➡ ❹ 幾點前吃完晚餐 ➡ ❺ 幾點前下班回家

回推每一步的行動，並決定各步驟的時間點。

所謂習慣，就是「訂下與自己的約定，並努力遵守」。約定的內容要盡可能具體，這就是培養習慣的祕訣。

睡眠最重要的是平日的生活規律。遇到重要的日子，前一天才突然說要「睡一個好覺，儲備明天的活力」，可不會那麼順利。還有，睡眠的「品質」比時間重要。要提升睡眠品質，可以試試睡前三十分鐘的準備工作。用心準備「**優質睡眠**」，培養早起習慣的成功率也會提升。

「優質睡眠」的準備功夫

聆聽身心放鬆的音樂

精油薰香

入浴時將燈光調暗，享受泡澡

服用營養補充品

不帶手機、電腦、電視進臥室

下班或晚餐後適度運動

減少含咖啡因或酒精的飲料及抽菸

嘗試各種方式，找到最適合自己的「睡前習慣」。

保持
好習慣② **減重**
▶想像成功後的樣子

開始減重的時候,先描繪出「理想的自己」,然後對大腦提問正面的問題。

想要減重,首先要對「**理想的自己**」有很明確的印象。在第3章也說明過,不要只是單純許願「想瘦下來」,必須具體想像成功的樣子,例如:「希望成為適合穿迷你裙的辣妹」、「苗條的身材穿上套裝,看起來就很幹練」、「醫生診斷我有三高,希望能回到健康的數據」等等。

「理想的自己」想像畫面要明確

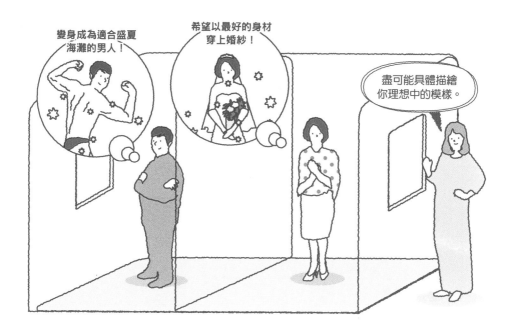

變身成為適合盛夏
海灘的男人!

希望以最好的身材
穿上婚紗!

盡可能具體描繪
你理想中的模樣。

接著，再對大腦提問：「我是怎麼減重成功的？」重點是問題必須正面假設「已經減重成功」。大腦不會區分真實和謊言，只會認真思考這個問題的答案。當大腦給出答案：「因為蔬菜比零食吃得更多。」這個答案就會是「減重成功的方法」。

對大腦「正面提問」

我是怎麼減肥成功的？

以「成功」為前提向大腦提問。

問題不論真實或虛假，大腦都會認真回答你。

因為你每天健走超過八千步。

大腦可能會這樣回答…

因為你戒掉甜食，還大量喝水。

針對你的提問，大腦的回答就是「減肥成功的方法」。

因為你上學不搭公車，改騎自行車。

「理想自己的畫面＋對大腦提問」就是讓減肥堅持下去的強大助力。

03 保 持
好習慣③ **慢跑**

▶先養成外出的習慣

培養跑步習慣時，千萬不要把門檻設得太高。先有「出去走走」的習慣就好。

培養跑步習慣的重點是「目標不要一下子定得太高」。過去沒有跑步習慣的人，開始跑步之前，應該先養成**「出去走走」**的習慣。一開始的目標可以低一點：「早上起床，換上運動服，走出家門。」這樣就可以了。有了每天出去走走的習慣，再來設定跑步的目標。但是，記得「跑累了，中途也可以改成走路就好」。**絕對不要抱持完美主義。**

先設定一個比較低的目標

還有，不要把目標設定成距離「每天五公里」，而是設定為「每天三十分鐘」，以時間為目標，比較容易保持下去。如果「三十分鐘也很難」，試著對大腦提出**「願望提問」**和**「恐懼提問」**。無論哪種問題，都是讓大腦弄明白「自己想怎麼做」。對未來的想像輪廓清楚了，帶出相信「自己做得到」的力量，習慣也就能持之以恆。

「願望提問」與「恐懼提問」

04 保 持 好習慣④ **肌力訓練**
▶慢慢增加次數

剛開始盡可能設定比較低的門檻，慢慢增加次數才是培養肌力訓練習慣的祕訣。

肌力訓練基本上和跑步一樣。不要一下子就設定「每天仰臥起坐三十次」。成功的祕訣在於告訴自己「**仰臥起坐只做一次也OK**」。剛開始不要馬上強迫自己仰臥起坐三十次，每天增加一點，一個月後若能達到三十次，一定會非常開心。就像打遊戲，每次得分多一點就好，帶著興奮的心情逐漸養成習慣。不要逞強，慢慢增加次數就很值得讚賞。

「不勉強」肌力訓練的祕訣

先設定最終目標的次數，今天做一次，明天兩次，後天三次，慢慢增加次數。

GOOD
剛開始做一次就算OK。

NG
昨天做了十次，今天狀態不錯，拼個三十次！

不要貿然增加次數，萬一身體不堪負荷，造成腰部或肩頸疼痛，反而會使習慣中斷，下次要花更多時間和體力才能再次提起動力……

保持
好習慣⑤ **經營部落格·網路社群**
▶不必刻意寫好事

經營中斷的理由常常是因為「只想寫好事」。其實「寫什麼都好，先寫再說」。

近年來，部落格、電子報、網路社群等，作為工作或興趣的資訊發布媒體，在社會上逐漸被重視。然而，有不少人或團隊開始貼文一陣子後，卻不能持之以恆，最後無疾而終，失敗的原因就在於人們都「只想寫好事」。如果想要保持這個習慣，心態應該調整成「寫什麼都好，先寫再說」。設定低門檻：「**先寫一行就好。**」沒有壓力才比較容易維持下去。

不逞強，習慣才能持久

在部落格、電子報、網路社群上貼文，先設定較低的門檻，才能持之以恆。

不知道要寫什麼的時候，也可以寫些「自己的喜好」、「家人與生活」等日常小事。

一開始，寫一行就OK了。

沒什麼好寫的…

不必因為「有人在看」就硬著頭皮寫，這是持之以恆的祕訣。

如果最近生活中沒有什麼題材發揮，分享小時候或學生時代的事情也很棒。

05

保持好習慣，戒掉壞習慣

保 持
好習慣⑥ **寫日記**
▶**盡量降低門檻**

寫日記的習慣維持不了時，不妨拋開自己，改成「為某人而寫」，就比較容易堅持下去了。

想要維持寫日記的習慣，與培養其他習慣一樣，先降低門檻。如果目標是「**寫一行就好**」，遇到很想睡或是想不出有什麼好寫的時候，你依然能遵守這個約定。要是降低門檻還做不到，不妨試試「**拋開自己**」，想著「以後要給家人看」、「希望重視的人能了解自己」，改成「**為某人寫日記**」是不錯的方法。

「無論如何都要繼續」的心態最重要

如果一個人不容易維持習慣，還可以嘗試「**交換日記**」。如果是為了給某人看，應該就能夠不偷懶，堅持每天寫日記了。還有，<u>交換日記也能幫助我們凡事都從好的一面來解讀</u>。情緒低迷的時候，看到別人寫下「明天一起加油」這句鼓勵的輸入，自己也回應對方「我會加油」。如此一來一往，大腦就會越來越正向。

「交換日記」的好處

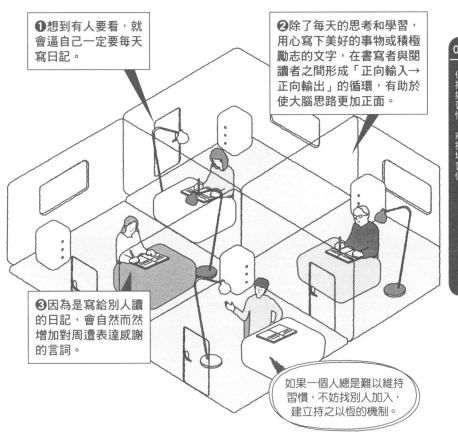

❶想到有人要看，就會逼自己一定要每天寫日記。

❷除了每天的思考和學習，用心寫下美好的事物或積極勵志的文字，在書寫者與閱讀者之間形成「正向輸入→正向輸出」的循環，有助於使大腦思路更加正面。

❸因為是寫給別人讀的日記，會自然而然增加對周遭表達感謝的言詞。

如果一個人總是難以維持習慣，不妨找別人加入，建立持之以恆的機制。

保 持
好習慣⑦ **閱讀**
▶**每天只是翻開書也好**

不愛閱讀的人，先養成「每天翻開書本」的習慣，對大腦烙
印成功體驗。

想要培養閱讀習慣，就跟自己約定「**每天要翻開書本**」。如果你以前
連翻開書本的習慣都沒有，就必須從最低門檻做起。要是真的不想
讀，把書翻開後再闔起來也沒關係。不愛閱讀的人可能在過去的記憶
中曾經拿到不好看或是看不懂的書，大腦判斷「閱讀＝不開心」，才
會討厭閱讀。既然如此，首先要設法讓大腦改觀，變成「閱讀＝開
心」。無論是漫畫或其他種類的書籍都可以。

先培養「每天翻開書本」的習慣

首先決定「每天
要翻開書本」。

第一步就是養成「翻
開書本」的習慣。

啪！

好，翻開了。
結束！

真的只讀一行就結束也
沒關係，如果第二行、
第三行還有興趣，繼續
讀下去當然更好。

接下來決定「讀
第一行」。

只讀了一行就會
想繼續往下看…

其實讀了一行，自然會想
知道下一行的內容。所以
繼續讀第二行、第三行，
慢慢增加行數並不困難。

再看一點…

培養閱讀習慣，最好**先決定「時間」和「地點」**。在每天的生活中安排一個「閱讀的時間」，養成習慣就很容易了。這裡也要記得意識到「前一個習慣」，假設你想在電車上或公司翻開書本，就必須先養成「把書放進包包」的習慣。隨時拿書來翻的習慣自然就養成了。

決定「時間」和「地點」

每天通勤時間，在電車上翻開書本。

培養閱讀習慣時，決定好時間和地點，比較容易持續下去。

這裡也要意識到「前一個習慣」。

前一個習慣
把書放進公事包。

午休時間在辦公室翻開書本。

回到家，坐在沙發上翻開書本。

前一個習慣
把書放在客廳的茶几上。

若沒有閱讀的習慣，不妨從漫畫或繪本開始。

從漫畫或繪本入門，先讓大腦記住「翻開書本很開心」這個訊息，之後再改成小說或商業書、工具書，漸漸地翻開書本就會變成令人愉快的事。

08 保 持
好習慣⑧ **用功讀書**
▶**期待未來更好的自己**

培養用功的習慣，首先要對「未來的自己」感到興奮期待。

準備大考時，大多數人的目標都是「考上哪所學校」。但是，只有這個目標，長期準備應考的辛苦實在很難熬。我們需要做的是**懷著興奮期待的心情想像**：「考上這所學校的我會過得怎麼樣？」「錄取後我要做這件事！」期待的心情越強烈，越能熬過漫長的備考時間。

想像未來備感興奮的自己

在一直嚮往的領域從事研究的自己

交了許多朋友的自己

熱心參與社團活動的自己

為了準備考試而培養用功的習慣時，要具體想像未來那個樂在其中的自己。

越是強烈的願望，能忍受辛苦的程度也越大。

學習外語或考證照也一樣，只是單純因為「工作上需要英語」、「想轉職到外商企業」，這樣模糊的理由，很難支撐人投入長期用功。不只是「為了什麼目標」，還要更具體想像「加強英語能力有多麼開心」，你可以盡量放大令你興奮期待的夢想。願望越大，能夠忍耐的辛苦就越多，心甘情願朝向夢想，一步一步努力下去。

想像「實現目標後，有哪些開心的事」

保持
好習慣⑨ **打掃**

▶不用考慮，立即行動

培養打掃習慣的重點是「馬上動手」與「降低門檻」。現在開始培養好習慣，擺脫髒亂的房間吧。

不會打掃房間、家裡亂七八糟……這種人就是因為大腦根據過去的記憶，判斷「打掃＝麻煩、不開心」，而產生了迴避反應。所以，如果想要養成打掃的習慣，就必須在大腦完成負面思考「討厭打掃」的0.5秒之前果斷採取行動。回到家後，沒有時間猶豫「今天要不要打掃」，開門進去就要直接打掃了。

培養打掃習慣的祕訣

不必想著「把家裡打掃得一塵不染」，撿三張紙屑、花五分鐘用吸塵器吸一吸地板，這類簡單能做完的事就好。

在大腦判斷「打掃＝不開心」之前，回到家馬上開始行動。

這是第三個垃圾。完畢！

啪！

掃掃掃！

❷降低門檻

❶進門直接開始打掃

撿起眼前的紙屑、拿出吸塵器等，做什麼都好，馬上付諸行動就對了。另一個重點是不要想著「把家裡打掃得一塵不染」。門檻設得太高，馬上就會對打掃又討厭起來。只要做到簡單的工作即可，像是撿三個垃圾、開吸塵器五分鐘之類的小事。

保持
好習慣⑩　　**儲蓄**
▶**開三個帳戶**

培養儲蓄習慣時，建議分成三個帳戶：普通帳戶、目的性帳戶、智者帳戶。

明明沒有亂花錢，卻存不了錢。這樣的人可以開三個帳戶，分別是每個月薪資轉帳的「**普通帳戶**」、為某個特定目標存錢的「**目的性帳戶**」、打算一輩子都只存不領的「**智者帳戶**」。如果我們只是模糊地思考「有剩餘的錢就存下來」，那是永遠存不了錢的。要對儲蓄帳戶命名，有了清楚的意義，我們才會老實地存錢。

開三個帳戶的意義

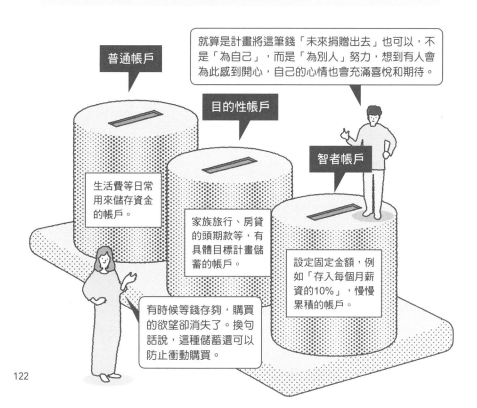

普通帳戶

目的性帳戶

智者帳戶

就算是計畫將這筆錢「未來捐贈出去」也可以，不是「為自己」，而是「為別人」努力，想到有人會為此感到開心，自己的心情也會充滿喜悅和期待。

生活費等日常用來儲存資金的帳戶。

家族旅行、房貸的頭期款等，有具體目標計畫儲蓄的帳戶。

設定固定金額，例如「存入每個月薪資的10%」，慢慢累積的帳戶。

有時候等錢存夠，購買的欲望卻消失了。換句話說，這種儲蓄還可以防止衝動購買。

保持
好習慣⑪ **珍惜家人**
▶表達感謝的心情

與家人之間有疏離感的人，可以先從向家人說「謝謝」作為
開始。

我們與家人的關係，總是覺得一切都「理所當然」，例如：「妻子當
然要做家事、帶孩子」、「丈夫當然要賺錢養家」，這樣的思考習慣
會讓我們忘記要感謝對方，時間久了，家人間容易逐漸疏離。如果你
覺得「我們家也是這種氣氛」，今天開始就養成向家人說「**謝謝**」的
習慣吧。持續表達心裡的感謝，對方有一天也會開始以感謝的心情回
報，彼此更加互相珍惜。

05
保持好習慣，戒掉壞習慣

保持每天表達不同的「感謝」

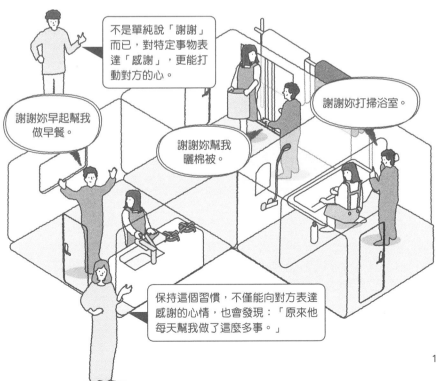

> 不是單純說「謝謝」
> 而已，對特定事物表
> 達「感謝」，更能打
> 動對方的心。

> 謝謝妳早起幫我
> 做早餐。

> 謝謝妳打掃浴室。

> 謝謝妳幫我
> 曬棉被。

> 保持這個習慣，不僅能向對方表達
> 感謝的心情，也會發現：「原來他
> 每天幫我做了這麼多事。」

保持
好習慣⑫ **親子教育**
▶ **正面提問**

父母對孩子說的話，會形成孩子的思考習慣。我們要隨時注意以正面的言詞提問。

父母的言談、表情和動作等行為會烙印到孩子的大腦，形成孩子的思考習慣。如果父母總是說「你真的很沒用」，從小聽這種話長大的孩子就會相信「我是沒用的孩子」。所以，當你快要說出「不行！」的時候，改成正面的言詞，「**你覺得怎麼辦才好？**」聽到這句話的孩子大腦將轉為思索正面的回答，努力把事情做好。

一直催促「快去讀書」只有反效果

對討厭讀書的孩子說「快去讀書」，逼他們做不想做的事，通常是行不通的。

快去用功！

我不想！

孩子討厭用功，是因為大腦留著過去的訊息：「用功＝不開心」。

今天也要進步喔！

好，我會的！

媽媽也來看書，我們一起成長吧！

好！

父母以行動引導會很有效。

避免「用功讀書」這個字眼，改成「成長」或「向上」等正面的措辭，孩子就不會產生「迴避反應」。

保持
好習慣⑬　**善待自己的心**
▶事情要看好的一面

培養每天在記事本上寫出「三個幸福」的習慣，讓我們無論遇到什麼事，都能保持樂觀的正向心態。

近來心理健康出問題的人日益增多。工作和人際關係的壓力，最終會壓垮人的心靈，這樣的案例層出不窮。要保持心理健康，我在第4章介紹過將「通勤途中的喜悅」、「職場的開心事」、「家庭的幸福」寫在記事本的習慣，是很有效的方法。這個「尋找好事」的習慣，能促使我們無論遇到任何事都正面看待，有意識地隨時保持專注於「**喜悅**」、「**快樂**」、「**幸福**」。

05

保持好習慣，戒掉壞習慣

養成「尋找好事」的習慣

保 持
好習慣⑭　**人際關係**

14

▶先改變自己做得到的地方

想要改變人際關係，卻無法改變別人。我們只能改變自己的
言行舉止。

建立圓融的人際關係必須養成「**考慮對方**」的習慣。「如何使他滿意」、「該怎麼幫到他」，經常思考這些事，很自然地就會表現出對方喜歡的談話或表情。其中最具代表性的就是說「謝謝」。可能有人要抗議，「我才不要對討厭的人說謝謝。」但是，我們無法改變別人。如果想要改善人際關係，唯有改變自己的言行舉止。

保持圓融的人際關係

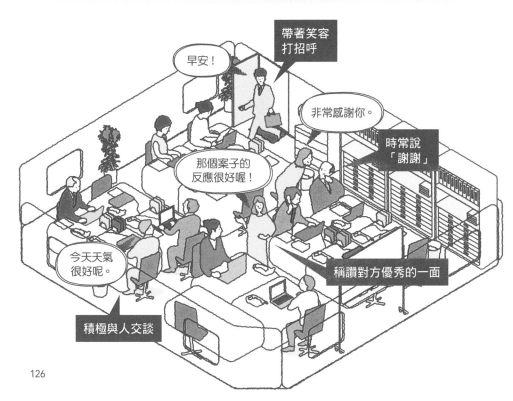

討厭別人，對自己一點好處也沒有。說對方的壞話，即使只在心裡想想，也都是對大腦負面的輸出和輸入而已。久而久之，你的言行就會表現出討厭的訊號，彼此互看都不順眼。不過，我們也不必勉強自己喜歡對方。「討厭對方」的負面思考停止不了，就改變言談、表情和動作等輸出的方式。光是這樣，就能將人際關係帶往好的方向改變。

改善人際關係，從可以改變的地方開始

保 持好習慣⑮
15 工作順利
▶ 前一天晚上確認行程

工作能力好的人,大多不只專注於眼前的業務,也隨時意識著「前一個習慣」。

想要成為一個行事幹練的人,就要時常留意「**前一個習慣**」。如果希望一早上班就能全力以赴,我非常建議前一晚「**確認明天的行程**」這個習慣。先想好明天要做的事,便能按部就班,有效率地進行工作。大腦有所謂的黃金時間,利用睡前十分鐘確認明天的行程,右腦就能好好地想像未來的畫面。

提前想好「前一個習慣」,並付諸實現

保持「前一個習慣」的意識，有助於提升各種工作的品質和速度。「前一天整理好辦公桌」、「整理拜訪對象的電話清單」等，無論什麼工作，都可以事先為隔天能順利進行提前做好各種準備。想提升工作品質和速度，就要思考自己可以做到的「前一個習慣」，並付諸行動。

保持
好習慣⑯

16 培養部下

▶影響對方的大腦，提升工作愉悅感

如果上司總是負面輸出，部下無法進步。切記要時常正面輸出，部下和團隊才能共同奮發向上。

要讓部下成長、有幹勁，就必須對他們的大腦下功夫。大腦不會只因為「是正確的事」就堅持不懈。如果大腦不是感到「很樂意」，就不會繼續做下去。因此，指導部下時，<u>不要對他說「這樣才正確」、「非這麼做不可」</u>，而是告訴他「**這樣做會感到很開心**」才對。

告訴部下「做這件事值得開心」

假設你是業務員⋯

要是能擊敗其他競爭公司，店家的貨架上擺滿我們的商品，光想就很興奮！

我們的業績一定要達標，你必須加油振作。

如果部下能產生興奮的心情，不必上司耳提面命，自然一定會盡全力實現「店家擺滿我們公司的商品」的目標。

NG

GOOD

還有，我們要常反省是否不知不覺就對部下說出「連這個都不會」、「你真是沒用」之類的負面批評，這樣的負面輸出只會讓部下感覺「自己沒能力」、「自己很沒用」。要使部下成長，做上司的要懂得誇獎部下，做正面輸出。

如何「正確誇獎」部下

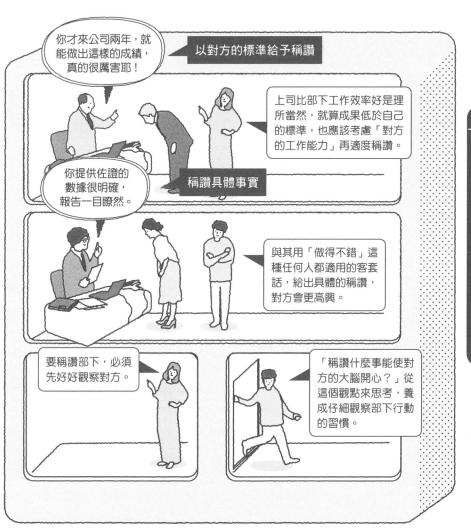

17 保 持 好習慣⑰ **業務・銷售**
▶**誠懇表達心意**

信賴和感謝的心是業務和銷售的基本，再加上努力，自然能吸引客戶靠近。

業務或銷售業績好的人，大概都是抱著「**完全信賴自家商品**」及「**感謝公司**」的心態。凡是相信「我負責的這個商品將造福社會大眾」，又懂得感謝公司同仁的人，長期下來不僅經驗和能力會提升，業績也一定會蒸蒸日上。而業績不好的人，心裡想的都是「迫於業績壓力，只好硬著頭皮推銷」這種負面心情。

業務員的心態，是影響業績表現的關鍵

提高業績的必要行動之一，就是向公司回報客戶的評價與反應：「市場有這樣的意見，我們應該要檢討改良。」提出研發與製造上的建言。但是，這必須受到全公司肯定的人才有用。換句話說，我們要先努力做好分內的工作，再藉著言行舉止的輸出，才能促使周圍的人樂意提供幫助或支援。

戒掉
壞習慣① **抽菸・喝酒**
▶讓大腦覺得「不舒服」

明明知道對身體不好，卻怎麼也戒不掉的抽菸和喝酒。真心
想要戒掉的話，就要對大腦烙印「不開心」的訊息。

菸之所以戒不掉，是因為大腦產生「抽菸＝開心」的趨近反應。所以
當你「好想抽菸」的時候，馬上告訴自己不要抽。經過一段時間後，
大腦就可以有效阻止「想要抽菸」的念頭做出行動。如果還是忍不住
抽了菸，就說句：「**唉呀，真糟糕。**」對大腦發出「抽菸＝不開心」
的訊息，刻意引起大腦產生對抽菸的迴避反應。

故意「負面輸出」

抽菸和喝酒戒不掉，
其實是因為大腦判斷
「抽菸＝開心」、「喝酒＝開心」
而產生的趨近反應。

想要戒掉抽菸和喝酒，
就在說話和行動上做負面輸出，
讓大腦產生「抽菸＝不開心」、
「喝酒＝不開心」等迴避反應。

故意咳嗽

咳咳咳

故意說「對身體不好」

唉呀，糟糕。

肝臟不太舒服。

故意說「糟糕」

戒酒也一樣，只要讓大腦相信「喝酒不好」、「喝酒傷身體」，大腦就會對喝酒產生迴避反應。所謂戒掉壞習慣，指的是保持「今天也沒有抽菸」、「今天也沒有喝酒」的狀態。養成「今天也沒做」的習慣，勤懇地保持下去是非常重要的，一定要謹記在心。

養成「今天也沒做」的習慣

19 戒　掉
壞習慣② **賭博**
▶**向自己恐懼提問**

明知會吃虧也戒不掉的壞習慣就是賭博。我們不能忘記人生
還有更重要的東西。

想戒掉賭博，「**恐懼提問**」是很有效的方法。例如，先問自己：「不戒掉小鋼珠會怎樣？」假設你回答：「沒有時間陪家人。」接著再自問：「不能陪家人又怎樣？」答案可能是「不知道家人的煩惱，搞不好會弄得妻離子散……」想要遠離賭博，就向自己提問，最重要是問出你心中最在意的事。

「願望提問」也很有效

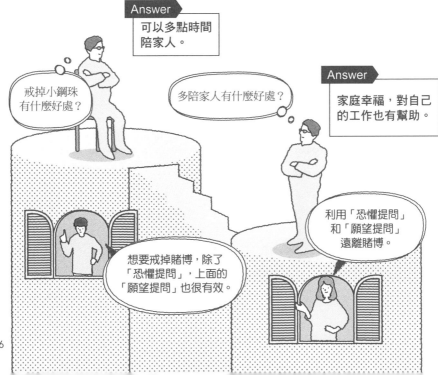

戒掉
壞習慣③ **暴飲暴食**
▶**改變措辭，善用表情**

想要控制飲食，不妨善用言辭和表情，讓大腦做出「迴避反應」。

想要控制飲食，可以試試幫眼前的食物取名，取一個大腦會想要迴避的名字。例如吃蛋糕時對自己說：「我要吃下這坨糖分和脂肪」。持續這樣說，大腦就會產生迴避反應，防止過度飲食。還有，表情也有阻止食慾的效用。如果想控制甜食，就在吃甜食時，故意板著臉，讓大腦以為「甜食＝不開心」。

05

保持好習慣，戒掉壞習慣

利用「措辭」和「表情」幫大腦踩剎車

改變措辭，
讓大腦產生「迴避反應」

改變表情，
讓大腦產生「迴避反應」

醜臉

我要吃下這坨
糖分和脂肪。

改變措辭、善用表情
誤導大腦，就可以
聰明控制食慾。

21 戒掉壞習慣④ 沉迷遊戲・滑手機

▶培養其他習慣

面對奪走大量有意義時間的電玩和手機，想要改掉這個壞習慣，必須先改變說法。

想要戒掉電玩和手機，**改變說法**是很有效的方式。例如，電玩是「幼稚的遊戲」，手機則改成「時間小偷」。就算「好想打電玩」，應該也不想玩「幼稚的遊戲」。像這樣把言談措辭改成大腦會產生迴避反應的用詞，久而久之，就會與電玩和手機保持距離了。

改變說法，引導大腦產生迴避反應

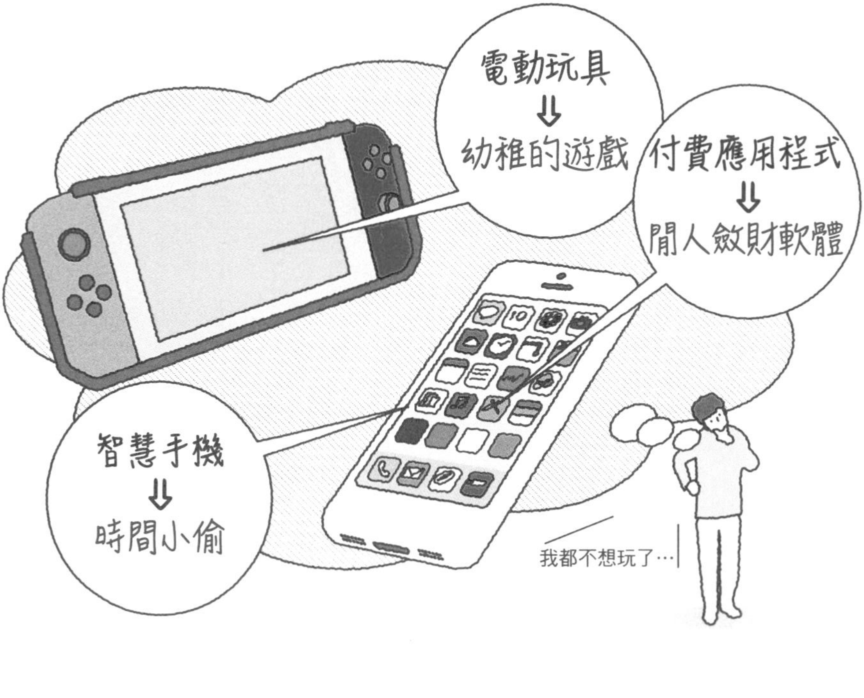
電動玩具
⇩
幼稚的遊戲
付費應用程式
⇩
閒人斂財軟體
智慧手機
⇩
時間小偷
我都不想玩了…

要戒除電玩或手機，也可以從培養其他習慣開始。許多人搭車通勤上學時，總會拿起手機來玩。若能養成「在電車上看書」、「搭電車時讀英文」的習慣，就沒有空玩手機了。如果你總是忍不住拿出手機來玩，趕快決定一個「取代玩手機的事」來做吧。

投入其他活動，轉移注意力

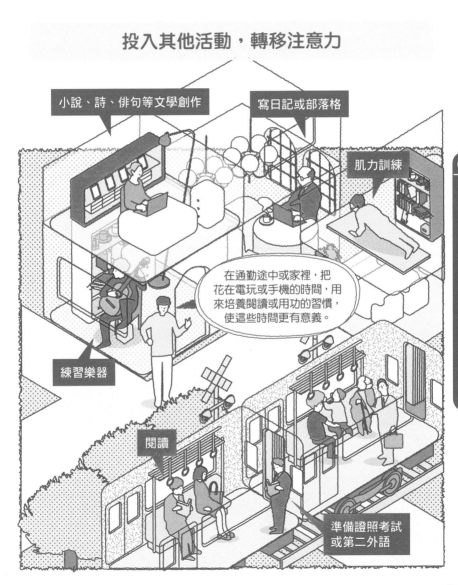

戒掉
壞習慣⑤ **購物上癮**
▶**不要過度忍耐**

購物上癮，很可能會造成家計透支。對自己「提問」，可以
幫助自己遠離過度購物的毛病。

「購物上癮」就是「過度購物」，是一旦陷入就很難自拔的習慣。買
東西是生活上必要的行動，「**必要的購物**」與「過度購物」之間卻很
難劃清界限。想要戒掉過度購物的習慣，不妨試試對自己發出「**恐懼
提問**」與「**願望提問**」。

「恐懼提問」與「願望提問」（購物版）

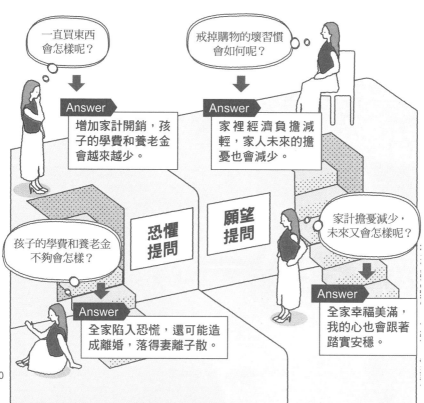

一直買東西
會怎樣呢？

Answer
增加家計開銷，孩
子的學費和養老金
會越來越少。

戒掉購物的壞習慣
會如何呢？

Answer
家裡經濟負擔減
輕，家人未來的擔
憂也會減少。

恐懼
提問

願望
提問

家計擔憂減少，
未來又會怎樣呢？

孩子的學費和養老金
不夠會怎樣？

Answer
全家陷入恐慌，還可能造
成離婚，落得妻離子散。

Answer
全家幸福美滿，
我的心也會跟著
踏實安穩。

還有其他減少過度購物的方法，像是養成記帳的習慣，隨時清楚掌握「自己花了多少錢」。時常把儲蓄放在心上，也可以將「買東西的樂趣」改成「存錢的樂趣」。不過，話說回來，太極端限制自己購物，有時候反而變成壓力。不要一開始就設定太高的門檻，逼自己忍耐，你依然可以享受適度的購物，慢慢減少不必要的購買就好了。

減少過度購物的方法

記帳
掌握收支平衡，有助於減少衝動購物。

儲蓄意識
一點一點存也無妨，養成每個月儲蓄的習慣，把「買東西的喜悅」變成「儲蓄的喜悅」。

不瀏覽網路購物平台
搜尋記錄中相關商品的廣告，也是過度購物的原因之一。不看網路購物平台是最好的防禦對策。

不帶信用卡
信用卡不像現金，刷卡後對於花了多少錢沒有感覺，常常是過度購物的原因。

避免過度忍耐
與培養其他習慣一樣，門檻太高就不容易持之以恆。允許自己適度享受購物，是可以的。

超強習慣養成
88個史上最強
圖解心法

Chapter 06

開拓美好人生的
黃金習慣

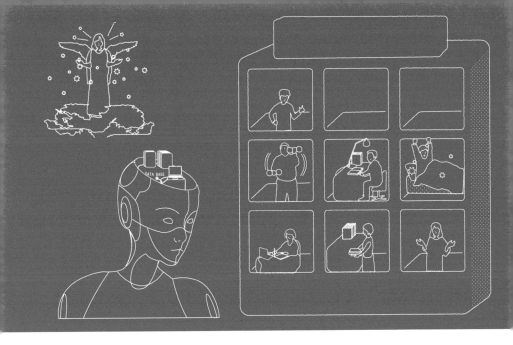

未來會發生什麼事，
誰也不知道。既然如此，就不要
再煩惱，保持樂觀期待的心態，
想像超級正面的未來吧。

因人而異的「感受方法」（解讀習慣）和「思考方法」
（思考習慣）是形成一個習慣的重要因素。引導這些
「習慣」往更好的方向發展，你的生活和人生將發生巨
大變化。真正的習慣培養之路，或許就從這裡開始。

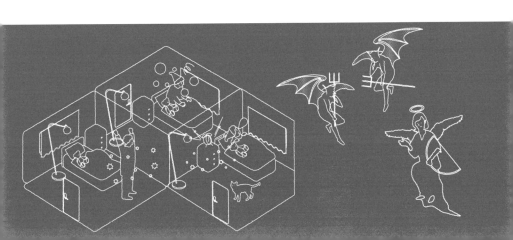

01

既然他做得到，我也可以

「我是我，他是他」當然是很好的想法，但如果想要提升自己，「拿自己與他人做比較」也有好處。

「**拿自己與他人做比較**」，往往容易變成鄙視或批評對方，所以一般不太建議這麼做。但若是為了提升自己的進步，就有必要與他人比較一番。成功者多數能從非常客觀的角度比較自己與他人的差別。他們想的是：「**既然他做得到，我也沒問題。**」

「好的解讀習慣」與「不好的解讀習慣」

接著，我們還要思考，「如果要像他人一樣優秀，怎樣才能做到，我也來模仿看看。」並馬上付諸行動。首先判斷可以做的事、應該做的事，放心大膽去嘗試。不過，切記這不是為了贏過誰而做的努力，「既然○○做得到，我也可以！」抱著這樣的心情，你是為了勝過自己的軟弱而努力。

自我會因為「他人」的存在而振奮

怎樣才能成功？
先從自己做得到
的事開始模仿。

時間

資訊

金錢

立場

物質

經驗

人脈

成功者

不是為了跟對方拼輸贏，
而是把成功者當成自我激勵的
榜樣，拿來與自己比較。

02 善意看待人生的一切

要對大腦輸入正面思考，只要直接將訊息轉換成肯定、善意的訊息就可以了。

前面也強調過幾次，我們必須讓大腦正面思考。換句話說，如果把接收到的訊息全部做正面解讀，就能夠直接轉為正面思考，這是最有效率的做法。**正面的解讀**並不難，只要將所有發生的事情，一律正面接納就好了。遇到一般人認定是危機的狀況，藉著說出「機會來了」，刺激大腦思考如何改善局面，扭轉情勢。

「正面的解讀」會帶來轉機與好運

與人相處，**善意解讀**對方的言行也很重要。即使對方說了令自己「討厭」的話，我們也不懂他到底為什麼要這麼做，都要維持這個原則。說不定，他是想要提醒我們某些事。善意解讀別人的言談舉止，才能繼續維繫互動、促使自己進步和成長。

認識別人，就是認識另一個自己

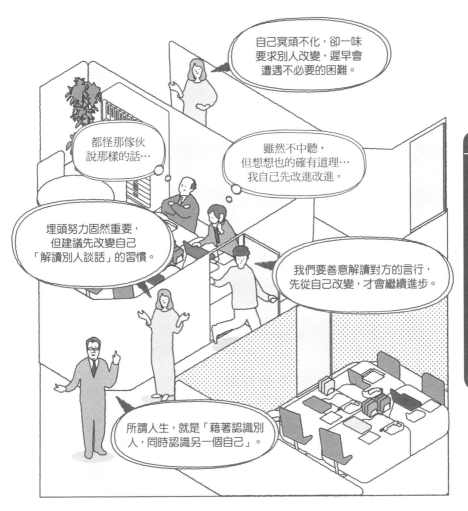

「自我感覺良好」
決定未來

未來會變怎樣，誰也不知道。其實自己的未來，無論否定或
肯定，都只是一場自我誤會而已。

成功者有一個共同的特徵。他們對自己的未來早已有了明確的想像：
得到想要的成就，成為理想的自己。不僅如此，他們還「莫名地確
信」自己必定成功。換言之，都是「**自我感覺良好的正面誤解**」，或
者說「毫無根據的自信」。

反正都是「誤會一場」

我們的未來都是由「誤會」決定的。如果對自己的未來設限，就是負面的誤會，而滿懷興奮想像未來，則是正面的誤會。既然都是誤會，當然要選令人滿懷興奮的正面誤會，不但自己開心，也開啟了充滿希望的未來。每天早上睡醒，趁著還躺在被窩中的幾分鐘時間，開心地想像未來的自己，作作白日夢。每天保持這樣的習慣，理想的自己會越來越清晰。既然要誤會，就描繪一個超級棒又正面的未來吧。

每天起床前自我催眠，告訴自己「我可以！」

❸理想的自我模樣清楚了，就知道今天為了什麼目標而醒來。

好興奮！

理想的自己

一天天累積下去，一定能成為理想的自己！

呵呵

❷保持每天早上的白日夢，理想的自己會越來越清晰。

❶每天早上醒來，在被窩裡就興奮期待地想像未來的自己。

嘻嘻

如果能清楚描繪出理想的自己，面對各種困難，也能理所當然解讀成一切都是必要的磨練。

要比，就跟自己比！

計較自己與他人的勝負，其實沒有意義。更要緊的是，現在的你有沒有成為更好的自己。

這個章節一開頭，我的確寫了「為了提升自己，與他人比較也有幫助」，但那不是要大家計較輸贏，或是進行無謂的比較。假設你手邊剛好正有較勁的「事」或「人」、「狀況」，較勁的對象是否與你條件相同？出身、成長背景、身分和處事方式等，在條件各有不同的狀況下比較或競爭，可能會造成身心受挫、陷入低潮，這樣就不好了。

沒必要進行無謂的比較

150

既然要比，就拿可以比較的事來比。我指的是「**過去的自己與今日的自己**」。一年前的自己與現在的自己相比，有什麼進步和成長？就算是為了超越昨天的自己0.1公分也好，今天可以做些什麼？既然開始較勁後就想分出「贏」和「輸」，那就「贏過」以前的自己吧。

要贏，就要贏「過去的自己」

「牛皮」吹久了就會「成真」

想接近「理想的自己」，就在目標實現之前，盡情地「吹牛」吧。

說到「吹牛」，可能有人會以為那是「說謊」？其實不對。「**吹牛**」指的是誇大其辭，「**說謊**」則是企圖讓人相信與事實不符的事。舉例來說，年薪五百萬的人說自己年薪一千萬，這是說謊。但如果說法變成「我現在創業，五年後年薪會變一千萬」，這純粹是個人對未來的期待，並沒有騙人。

「吹牛」和「說謊」不一樣

想到現在的自己，你或許認為「我沒有自信吹那麼大的牛皮」。但是，不嘗試挑戰目標，怎麼知道能不能做到。「吹牛」就是把自己未來想完成的事數據化，大膽說出來。成功的人常常吹牛，同時也在藉機思考怎麼做才能實現。

「吹牛」可以吹一輩子

06

利用睡前與剛睡醒的
自我暗示

在一天的結束和開始都對自己說一句肯定的話，打造一個
「興奮的大腦」。

晚上睡前說的話很重要。我們的顯意識在清醒的時候是開啟（ON）
的狀態，睡著就關閉（OFF），而潛意識則是隨時保持開啟。因此，
用一句肯定的話結束一天，能讓大腦在睡眠中充滿正面的思考。原理
是，大腦並無法區別現實和想像，只要藉由睡前的自我勉勵，設計大
腦帶著這個想像入睡，積極的正向思考便會在睡眠時滲透到潛意識
內。

讓正面的美妙想像滲透潛意識

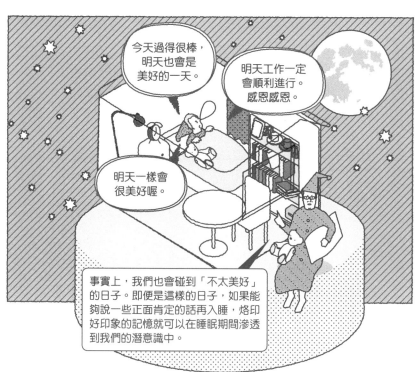

當我們在清晨醒來，顯意識啟動的那一刻，第一句話同樣很重要。先來一句肯定的話：「今天也要開始美好的一天。」接著，下一步也很重要，躺在被窩中，告訴自己：「今天也要為了讓家人和公司的夥伴都幸福而醒來。」每天早上確認自己「為了什麼而醒來」，然後才起床。善用令自己興奮期待的自我暗示，**打造一個興奮大腦**吧。

起床前確認「我為了什麼目標而醒來」

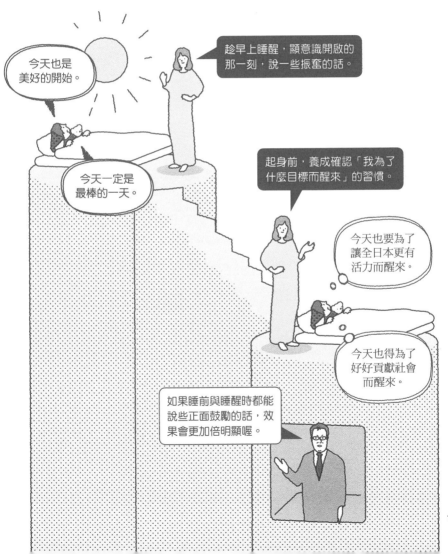

今天也是
美好的開始。

趁早上睡醒，顯意識開啟的
那一刻，說一些振奮的話。

今天一定是
最棒的一天。

起身前，養成確認「我為了
什麼目標而醒來」的習慣。

今天也要為了
讓全日本更有
活力而醒來。

今天也得為了
好好貢獻社會
而醒來。

如果睡前與睡醒時都能
說些正面鼓勵的話，效
果會更加倍明顯喔。

07 與其尋找「失敗的藉口」，不如思考「如何成功」

抱怨改變不了任何事。更重要的是問自己「想怎麼做」、「如何才能成功」。

整天忿忿不平的人，總是把「做不到的理由」或「不做的理由」歸咎於「自己的際遇不好」、「公司不好」、「景氣不好」，還有「政府不好」，並把這些當作藉口。但是，這種藉口根本沒有意義。滿腦子藉口，滿口怨言，也改變不了別人和社會。既然如此，改變自己還比較有建設性。

執著「做不到的理由」沒有意義

人生總會遇到不如意、不知所措的時候。這時請務必試著問自己：「**我想怎麼做？**」「**該怎麼辦比較好？**」當一切都很順利時，再問自己：「**怎麼做才能得到更好的成績。**」只是這樣簡單的行動，人生的成果就會大大不同了。

多多對自己提問

08 凡事認真看待，全力以赴

凡事「認真」看待，很快就會專心投入並樂在其中，自然能吸引別人加入。

無論是為了讓自己樂在工作，或是獲得別人的信賴，「**認真**」的態度很重要。認真看待目標的人有三個特徵：**①自己做決定、②一旦決定就會堅持到底、③堅持目標並樂在其中**。當你達到這三種狀態時，你便不會孤單。

「認真的人」有三個特徵

現在做不到的事，換了環境也做不到。抱怨現況之前，先試著投入眼前的工作，直到你能夠樂在其中。

如果事事在意他人臉色，不敢清楚回應。結果自己做得心不甘情不願，還會造成別人的困擾。

好！我來做。

❶自己做決定
雖然是來自別人的提案或委託，最後決定「要做這件事」的還是自己。如果不想做，一開始就要果斷拒絕。

當你自己決定投入目標，並決心堅持到底，無論如何都笑著面對困難，這份心意自然會打動他人，並引起別人的主動關心：「有沒有我可以幫忙的？」「我會為你加油。」。「做」與「不做」必須自己決定。我們要隨時意識著自己做決定的習慣。一旦決定做一件事，就一心一意堅持下去。只要堅持不放棄，一定會成功。

不要輕易說出「沒辦法」

人生最重要的事情之一就是挑戰。「沒辦法」這句話,將輕易奪走一次機會。

世上有很多執行上屬於「物理性困難」的事情。例如,妄想「人體能自由在天空飛翔」,這就沒辦法。但是,「希望到了○○歲,可以駕駛小型飛機,在天空翱翔」這樣的夢想如何呢?資金或執照等,想必會遇到各種困難和阻礙,但卻不是一件「物理性困難」的事。

一句「沒辦法」等於消滅一次機會

說出「沒辦法」前,要養成習慣先想想是否真的「執行困難」。

「沒辦法」這句話一說出口,難得的機會和經驗就會直接從眼前流走。進步和成長也當然與你無緣。

反正我沒辦法啊。

當我們面臨難題時，不要馬上說出「**沒辦法**」，「那個條件可能沒辦法，但如果改個做法的話，還是可行的吧。」試著像這樣同時思索其他可行的解決方向。例如遇到工作上的難題，從人事、資金、資訊、時間、設備等各種因素，思考現在可用的資源與不足的項目，或是未來可能必要的項目等，或許能找到解決的線索。

我要成為
為業界帶來革命
的創業家！

我們都可以「成為理想的自己」。更正確地說，自己的未來只能照自己的想像發展，先讓大腦堅信「做得到」，再來就剩下行動而已。

我希望盡可能
成為那樣…

一開始就說「做不到」，
大腦也會以為「做不到」。
所以「理想的自己」形象要明確，
才不會放過眼前的機會。

「希望盡可能成為那樣…」這種不清不楚的願望在遇到困難或阻礙時，就會使人輕易放棄……不要以今天的自己為標準，而是把焦點放在未來那個「理想的自己」。

工作順利進行的
魔法習慣

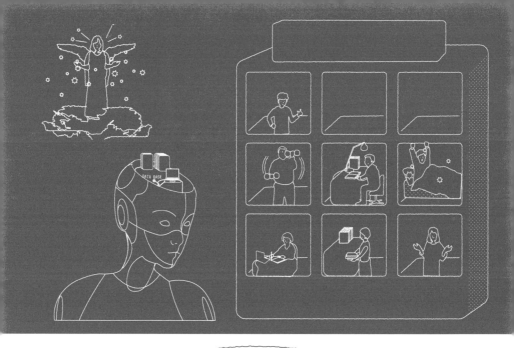

工作成功的祕訣在於「為他人貢獻」與「迅速果決、馬上行動」。最重要的是，你與誰共事？目標是什麼？

工作不是人生的一切，但是最常讓我們定義人生「成功」或「失敗」，最大的因素還是來自於「工作」，這也是事實。本章將告訴大家，如何培養思考習慣與行為習慣，輕而易舉在工作上獲得成功。

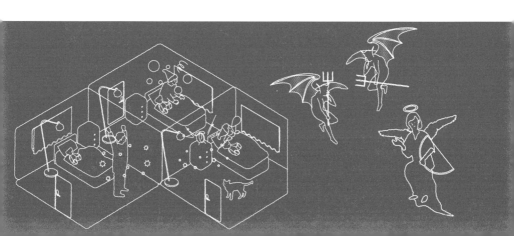

「給予」比「獲得」更重要

「賺錢」是因為我們能使他人滿意而獲得報酬。因此要記得我們給予客戶的價值，就是自己能夠獲取的價值。

比起「如何賺錢」這個問題，許多成功者更重視「如何為他人貢獻」。當然，很多人一開始也是從「如何賺錢」起步，但慢慢在工作當中，他們發現一些道理，例如：「客戶不滿意，就賺不到錢」、**「買賣是價值的交換」**，以及「我們交給客戶的價值，也是自己獲得的價值」。最後得出結論，重點不在如何賺錢，而是如何**為他人貢獻**。

「如何賺錢？」這想法錯在哪裡

松下幸之助曾說：「我們對社會提供的價值，有十分之一會回到自己身上。」也就是說，對他人或其他公司貢獻越大，自己獲得的利益也越大。如果你覺得「現在薪水很低」，不妨換個角度想：「現在對公司的貢獻度就是我的薪水，所以我應該要思考如何才能為公司或團隊貢獻更多價值。」

工作上時常思考「如何貢獻」

02 猶豫不決比錯誤決斷更糟糕

做一件工作，最重要是踏出第一步，之後再邊做邊想。

做生意最重要的不是先想「賺錢」，一切考量都應該以「**客戶的時間**」為中心。不只是自家公司，面對一切事物的判斷標準都是「為客戶提供更好的價值」，而這個價值的基本精神就是「時間是客戶特別撥出來給我們的」，所以迅速果斷、速戰速決是必要條件。切記，**猶豫不決比錯誤的決斷更糟糕**。做決定需要勇氣，但不管結果如何，憑自己的主見做出決斷永遠好過於猶豫不決。

思考時以「客戶的時間」為出發點

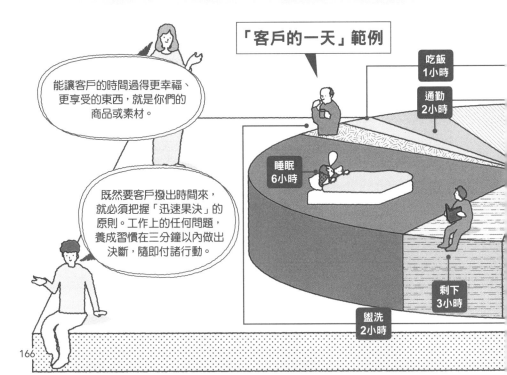

「客戶的一天」範例

能讓客戶的時間過得更幸福、更享受的東西，就是你們的商品或素材。

既然要客戶撥出時間來，就必須把握「迅速果決」的原則。工作上的任何問題，養成習慣在三分鐘以內做出決斷，隨即付諸行動。

吃飯 1小時
通勤 2小時
睡眠 6小時
剩下 3小時
盥洗 2小時

工作上講求的是「**積極向前**」，費盡心思的準備遠不如速度來得重要。有許多成功者，他們可能很笨拙或不得要領，但總之先踏出第一步就對了。要求一開始就得做到一切完美的人，往往礙於恐懼，遲遲無法踏出第一步。但話說回來，我並不是主張你可以毫無準備就魯莽衝出去挑戰。先踏出第一步，就當下可行的範圍稍作準備，之後再**邊做邊想**，如此一來，工作就會漸漸成形。

03 人生成長取決於把握際遇

人脈，不只是單純的「交友多廣」或是「朋友的多寡」，更重要的是有多少能夠深入交流的「同志」。

所謂「**人脈**」，不是單純指「認識多少人」，而是「基於彼此堅定信賴的人際關係」，對方所擁有的資訊能否與自己交流也至關重要。人際關係會從「相識→朋友→夥伴→同志」這樣的順序發展關係。即使各在不同行業，只要懷有相同志向，就算彼此工作毫無關係，也能深入交流的「同志」才是真正的人脈。

重視「與誰在一起、做什麼事」

和誰一起學習？學習對象是誰？

與誰一起成為夥伴？目標是什麼？

與誰一起共事？做什麼行動？

成功者大多有其仰慕的「榜樣」。雙方若有共同的榜樣，就能馬上打成一片。

人生的成長取決於與誰相遇、一起做什麼。只依自己的標準達低端目標，永遠無法登上高山。所以我們要積極參與各種活動，為他人、為自己所在的地方、為職場同業，還有為國家社會，活動越多元越好。當我們焦點放在關注別人時，有時會比關注自己更能發揮出意想不到的力量。這種力量正是你自身的「能力」。

所謂榜樣，指的是令你崇拜的某個人，可能是師長或前輩，那些我們可以學習做人之道的典範。

除了自己設定的標準，不妨與其他人一起追求「更上一層樓」，循序漸進下來，最後將會引領你到達「高峰」。

❸有沒有向榜樣好好學習？

❹與志同道合的朋友、師長、前輩有共同的目標嗎？

❷有沒有積極認識成功者？

❶有沒有向人生的前輩學習？

不僅在工作上，學習、遊戲等各種活動，多多與成功者一起參與不同場合的活動，有助於提升自己。

年齡上的前輩、工作上的前輩，還有父母和恩師，都是我們人生的前輩。

遇見令你感覺「被電到」的對象，就徹底以他為榜樣，提升自己的內涵。

04

有意義的「緣分」會改變人生

人生會受他人的生活態度影響，而發生巨大改變。所以要盡可能體驗有意義的緣分。

京瓷的創辦人稻盛和夫先生曾說：「一個人的**思考方式**×**熱情**×**能力**，將決定他的人生與事業的結果。」而鍛鍊我們這三大特質的關鍵就是「**緣分**」。緣分有家人、師長這類自己不能選擇的關係，也有自己可以選擇的榜樣、朋友與夥伴。我們必須對所有的緣分都懷抱感恩之心。

他人的生活態度會影響你的人生

▶緣分有兩種

有時候，因為自己無法選擇的緣分，在人生的某段時期，可能無法隨心所欲過日子。但是，成功者就會懂得利用這種緣分，成為自己的助力。

自己無法選擇的緣分

前輩（上司）

後輩（部下）

老師

家人

你的人生很大一部分取決於受到誰的生活態度影響。假如你讀了一本書覺得很感動，你可以主動去找作者聊聊。如果身邊有個性開朗直率的人，就找機會與他多相處。當然，為了盡量獲得有意義的緣分，自己也必須是個性開朗直率才行。「人生中遇見的所有人都是榜樣。」如果能懷抱這樣的胸懷及態度，就會吸引更多美好的緣分。

▶重要的是，生活態度受誰影響

171

人要衣裝，佛要金裝！花心思經營外在形象

穿著打扮是表達自我形象的重要經營。隨便的打扮，就代表隨便的心。

成功者大多講究穿著打扮，因為塑造「**自我形象**」的其中一個方法就是經營外在打扮。這裡的自我形象指的是五年後、十年後你想要成為的模樣。所謂打扮，除了身上的穿著，還包含表情和姿勢。換句話說，就是要講究「如何呈現自己」。隨便的打扮就代表隨便的心。心隨便，行為也就跟著隨便了。

意識到「我想在別人面前如何呈現自己」

▶應該時刻意識到的4＋4＝8個重點

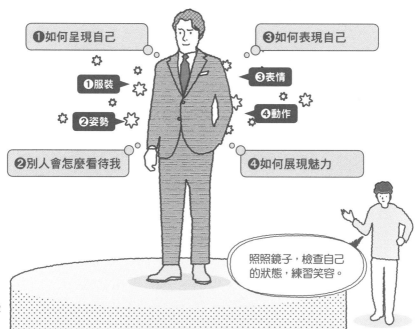

❶如何呈現自己
❶服裝
❷姿勢
❷別人會怎麼看待我

❸如何表現自己
❸表情
❹動作
❹如何展現魅力

照照鏡子，檢查自己的狀態，練習笑容。

雖說要打扮講究，但絕不是要你全身名牌的意思。在心中想像「這件衣服別人怎麼看」、「別人覺得我看起來如何」，想要時常保持好心態，注意穿著打扮也很重要。還有，一定要照鏡子，心靈狀態會立刻顯露在表情上。而表情或姿勢也都會給別人帶來影響，所以我們必須時常確認自己的狀態。

打扮就是塑造「自我形象」

06

自誇自讚，
加強自信×前進動力

雖然反省是很重要的習慣，不過「誇讚自己」也能有效提升
自信。

你會稱讚自己的成長嗎？當你「檢視成長」時，是否常專注在自己做
不到或是負面的地方？養成「**稱讚自己**」的習慣，提升自我肯定，才
會感受到「我的成長越來越多」。當然，反省也是重要的習慣，不過
還是記得要等量地保持稱讚自己成長的習慣。然後，成為符合稱讚內
容的自己就可以了。

練習「稱讚自己」的習慣

07

以退為進，
有時退一步會有好報

不要凡事只想贏，有時候退一步，讓對方贏也很重要。

追求成功時，與其斤斤計較未來的輸贏，不如先讓眼前的人滿意。有時候可以退一步，**讓對方先贏**，也是一種策略。像拔河比賽一樣，卯足全力往自己方向拉，對方可不會高興。<u>稍微讓對方占一點優勢，也享受一下競爭的樂趣，有這樣的肚量，到了下一個階段，我們將會獲得更好的回報</u>。這裡所說的對方，可能是客戶、部下、員工、商場上的同業或家人。

先讓眼前人的心感到滿意

怎麼花錢，比怎麼賺錢更重要

我們來看看成功者花錢都會遵循的「五種定義」。

許多成功者都知道「**金錢的用法比賺法重要**」，並且將金錢的用法劃分為五種定義，常記在心。這五種定義分別是：最低限度必要的「**消費**」，不必要支出的「**浪費**」，對未來自己的「**投資**」，為某個目標計畫撥款的「**目的性帳戶**」，每個月剩餘的則是「**暫時儲蓄**」。

金錢運用的「五種定義」

消費
伙食費、房租等最低限度必要的費用。

好吃

浪費
不知不覺花掉的不必要支出。

花錢買開心！

投資
買書、參加講座、去健身房鍛鍊身體等，對未來的自己投資。

又學到新東西

目的性帳戶
創業資金、購屋基金、旅行基金等，有具體目標的存錢。

快存到目標金額了

暫時儲蓄
當月剩下的錢。非急用的預備金。

這個月存好多呀

「五種定義」當中最重要的其實是「投資」。如果你覺得自己「現在這樣已經夠好了」，減去這一筆也沒關係。不過，如果你「希望成長更多」、「渴望變得更好」，就必須投資自己。當你開始意識到「投資」的重要，並長期持續執行，身旁的人一定會看到你身上明顯的進化。所以我們一定要對金錢有管理能力及思考能力。

財富分配的重要，「五種定義」的相互關係

金錢使用的「五種定義」彼此之間是相互影響的。

「投資」×「浪費」

參加講座、買書等，為未來的自己儲備實力是「投資」。但是參加完講座，只是很感動，買了書卻不讀，就變成「浪費」了。

再來一瓶

下次再讀…

「消費」×「浪費」

晚餐決定「喝一瓶啤酒」。為了「明天更有活力」，這瓶啤酒是「消費」。但是如果「一瓶接一瓶」，增加的數量就是「浪費」。

「目的性帳戶」×「消費」×「浪費」

「獨立創業資金」、「報考證照費用」等有明確使用目的，每月存下固定金額，消費行為要有所計畫，確保這筆錢不會被其他用途花掉。如果有刪去也無所謂的消費，那就是「浪費」。

想想看要刪掉哪一筆消費呢？

「暫時儲蓄」

關於「五種定義」當中的「暫時儲蓄」，每個人收入不同，無法以一概全，總之要記得「積少成多，將來就會很不一樣」。

嘲笑一塊錢的人終將為一塊錢而哭泣！

09

你到底在忙什麼？
消除無意義的時間

如果你覺得「時間不夠」，在思考「要做什麼」或「該怎麼行動」之前，先想想「如何空出時間」。

要切割「無用的時間」，生活中就必須對「有效的時間」與「無用的時間」有清楚的認識。舉例來說，列出「**無意義時間的清單**」，就可以看到平常被自己浪費掉的「無用時間」。不只要「寫出無意義的時間」，還要用紅筆「**寫下對策**」。最好在睡前做這件事，趁著顯意識關機之前輸入大腦。

「無意義時間的清單」與「對策」

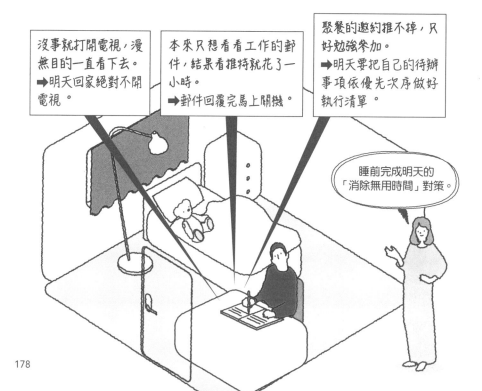

沒事就打開電視，漫無目的一直看下去。
➡明天回家絕對不開電視。

本來只想看看工作的郵件，結果看推特就花了一小時。
➡郵件回覆完馬上關機。

聚餐的邀約推不掉，只好勉強參加。
➡明天要把自己的待辦事項依優先次序做好執行清單。

睡前完成明天的「消除無用時間」對策。

基本上，懂得時間管理的人，在決定「做什麼」或「怎麼行動」前，會先考慮「**如何空出時間**」。這需要時間調度的能力。舉例來說，如下圖所示，把時間記錄整理出來，刪刪減減，總是能騰出自己的時間。所謂時間管理就是控管時間的能力。

區分清楚「該放棄的事」與「要做的事」

檢視你的一天二十四小時，每隔三十分鐘劃一格，記錄每一格做了什麼事。

執行一週，
你會發現三件事…

重要的是「精力放在哪裡」及「能夠付出多少專注」，決定自己的意志，並將資源做最大發揮。所謂資源，指的就是時間。

應該捨棄的事
＝非生產性活動

不能做的事

要做的事

可以讓別人做的事就委託別人
＝幫助他人提升能力

排除干擾
＝預防時間的浪費

10 勇於說出你的想像和創意

主動對別人講述自己的想像或創意，可以順便整理大腦中的
想法。

想要別人來幫忙，必須主動積極對別人**講述**自己的想像和創意。我們
將大腦中的訊息轉化成「語言輸出」時，耳朵也同時在傾聽，等於再
次接收（輸入）這個訊息。面對這兩種訊息，每個人都會加以比較，
分析出「自己真正想表達的意思」以及「如何表達」。下次對別人講
述同一件事時，就能掌握重點，順暢地表達出來。

利用說話整理想法

訴說自己的夢想時，
會發現真正想做的事。

與別人談話時，
可以一邊整理自己
想說的內容。

向對方傳達自己的理想時，
發現自我的不足。

盡量將你的夢想、思緒、理想
找人說出來。你所輸出的談話
與再度輸入的訊息，都會整理
成屬於你自己的東西。

11 失敗了要坦率道歉

人都是在反覆失敗中漸漸成長。但是，當我們的失敗對別人造成麻煩時，切記要有立刻道歉的果決。

人生在世，總有許多失敗、給別人造成麻煩的時候。失敗絕不是壞事，只要能從中學到教訓、成長就好了。但是當我們失敗、做錯事而造成別人的麻煩時，就算對方是部下或晚輩，也要馬上坦承道歉。絕不可耍賴或說謊。說一次謊，下次也要繼續瞞騙下去，最終只能落得失去信用的下場。

做人要有「立刻道歉」的果決

一個有擔當的成年人要有「道歉的習慣」。

重要的不是道歉，而是能夠「迅速果斷地道歉」。有擔當的成年人才能夠非常直率且慎重地向人道歉。

失敗或造成別人困擾時，先直率地道歉，然後重新再來。

07 工作順利進行的魔法習慣

181

12 累積實力最快的方法，學會「執行力」×「變身術」

一件工作的進行，最重要的不是鉅細靡遺的準備，而是起身行動的「執行力」。

人生中，特別在工作上，最重要是把握「**思考不如行動**」的道理。「順利」或「不順利」、「有實力」或「沒實力」其實都無所謂。沒有實力，就先行動，經驗終將練成實力。因為實力就是經驗的累積。既然如此，只要增加執行的次數就可以了。經驗越多表示執行力越好。

「執行➡經驗」都將化為「實力」

實踐「思考不如行動」時，如果過程不順利，就思考如何改善，然後再次行動，慢慢累積成自己獨有的技能，這就是「實力」的真相。有時候扮演理想自己的**「變身術」**，可以增進**「執行力」**。做事不能魯莽暴衝，先化身為理想的自己，然後再一口氣執行到底。如果質疑自己的實力，不敢放手一搏，結果虎頭蛇尾也是理所當然。所以要先從訓練自己「秒變身、秒執行」的能力開始。

那部戲的主角會採取什麼行動？

化身成理想的自己或是崇拜的榜樣，就能加強執行力。

那個經營者會如何判斷？

理想的自己會怎麼回答？

先做再想，一邊做一邊想

就算遇到麻煩…

獲得真正的實力

經歷過失敗，累積各種錯誤經驗和執行例子，終會成就專屬自己的實力。

沒有經驗

沒有實力

超強習慣養成
88個史上最強
圖解心法

Final Chapter

提升人生幸福的
祕密習慣

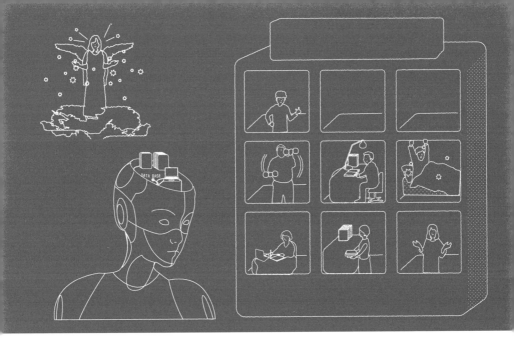

讀完最後這一章，你可以回到
印象最深的那一頁，再仔細讀一遍，
今天就開始「實踐」吧！

本書終於來到最後一章，切記不要只是「讀完」這本書，
這樣就沒意義了。假設這本書裡寫的內容是十分，只要你
能實行其中的一分或兩分，你的人生一定會改變。好好調
整心態，一步一步，踏實地接近未來那個「理想的自己」
吧。

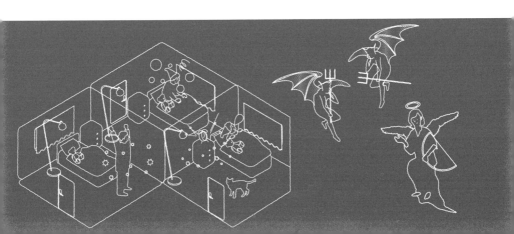

01 時時保持「感恩」的心情

對一切事物心懷「感謝」，讓自己無論遇到什麼狀況，都能積極向前。

成功的人總會把「謝謝」掛在嘴上。他們不是受了別人什麼恩惠或幫助，才說謝謝，而是對任何事都先說謝謝。帶著謙虛的心，凡事不忘**感謝**，努力不懈的人總有一天會等到機會。這樣的胸懷正是來自於最重要的這句「謝謝」。

稻盛和夫先生的「六項精進」

第7章介紹過企業家稻盛和夫先生，他將人生與工作重要的實踐項目歸納為「六項精進」，其中的「感謝」，是這麼寫的：

努力
（Effort）
比任何人都
努力

謙虛
（Humbleness）
謙遜待人
不可驕傲

反省
（Reflection）
每天都要
反省自我

感謝
（Thankfulness）
感謝生命

善行
（Benevolence）
累積善行、
利他行

感性
（Sensibility）
不要有感性的
煩惱

我們做任何事，都可能會遭遇挫折或失敗，這時是否有必要逞強或暴衝？發生在自己身上的煩心事，不是外在環境或別人的錯，一切的原因都源於自己。無論人生或工作，如果完全沒有他人幫忙，我們不可能單憑自己的力量獲得巨大成就。在任何環境或狀況下要繼續積極向前，最不可或缺的就是「謝謝」這句話。

→ 要感謝生命

我們人不可能獨自一人生存下去。空氣、水、食物，還有家人、職場的同事，甚至社會，包圍在我們周遭的一切，支持著我們的人生。

如此一想，感謝的心情應該會自然湧現。當我們一直遭遇不幸，或是身體不健康的時候，可能很難「心存感謝」。

但是，仍然要感謝生在世上這件事。有了感謝的心，自然能感受幸福。感謝自己生在世上，感受幸福，人生才會豐富而滋潤。

不要總是忿忿不平，直率地感謝現在擁有的一切。將這份感謝的心，用「謝謝」和笑容傳達給身邊的人。如此一來，不只你自己，身邊的人也都會感受到溫暖和幸福。

出處：摘自稻盛和夫OFFICIAL SITE「六項精進」

對旁人表示感謝，同時也感謝自己的能力，能幫助你安定心靈，繼續努力下去。

無論遇到什麼困難，都先說聲「謝謝」，也對勇敢面對的自己說「謝謝」，我們看待事物的態度，就會從「辛苦」變成「感謝」。

02 對父母心存感謝，會成為內心強大的人

對父母的感謝可以調整你的心靈。心靈要安定，你才會注意到眼前的機會。

我們都知道父母就是自己的根，每個人各有不同的人生，也因環境或狀況而有不同的親子關係。大家對自身的親子關係應該都有各自的解讀。不過，當我們時常懷著**對父母感謝的心**，心中的焦慮不安竟然會奇妙地消失。那是因為感謝的心會幫我們調整自己的心靈。

心懷感謝，可以調整自己的心靈

▶每個人都能馬上做到的孝順

其實，並不是機會上門來找我們，而是我們自己發現機會。當人的心靈處於一片混亂時，常常難以察覺機會。心靈整理好了，才能清晰看見眼前的事物（機會），迅速作出判斷，然後果斷地抓住機會。掛念父母、感謝、尊敬，還有**孝順**。就是你抓住機會的契機。

03

感覺到達「極限」時，勝負才真正開始

可以決定「極限」的人只有你自己。即使你感覺「已經到極限了」，一定還有你不知道的方法可以運用。

人生在世，一定會遇到逼近極限的時刻。但實際上決定「**極限**」的人就是你自己。當你認為人生「已經完蛋」的時候，真正的勝負才正要開始。假設你現在三十歲，你也只是「嘗試過這三十年人生中已知的方法」，但你知道的方法並不是世上所有的方法。

感覺「已經到達極限」的時刻就是轉機

你需要的是相信自己，繼續挑戰。

換句話說,「極限」其實是學習並嘗試未知方法的機會。如果你無論如何都想不出超越「極限」的方法,不妨向旁人虛心求教。只憑著自己在過去的人生中獲得的知識和經驗,就擅自決定極限是大錯特錯的事。你需要的是相信自己會成功,繼續挑戰下去。感覺「已經到達極限」的時候,才是接近理想自己的機會。

超強習慣養成，輕而易舉創造人生複利效應

人生を変える！理想の自分になる！超速！習慣化メソッド見るだけノート

作　　　者　吉井雅之
譯　　　者　蔡昭儀
主　　　編　林玟萱

總　編　輯　李映慧
執　行　長　陳旭華（steve@bookrep.com.tw）

出　　　版　大牌出版／遠足文化事業股份有限公司
發　　　行　遠足文化事業股份有限公司（讀書共和國出版集團）
地　　　址　23141新北市新店區民權路108-2號9樓
電　　　話　+886- 2- 2218 1417
郵撥帳號　19504465遠足文化事業股份有限公司

封面設計　萬勝安
排　　　版　藍天圖物宣字社
印　　　製　中原造像股份有限公司
法律顧問　華洋法律事務所　蘇文生律師

定　　　價　390元
初　　　版　2022年12月

JINSEI WO KAERU! RISO NO JIBUN NI NARU! CHOSOKU! SHUKANKA METHOD
MIRUDAKE NOTE
by
Copyright © MASAYUKI YOSHII
Original Japanese edition published by Takarajimasha, Inc.
Traditional Chinese translation rights arranged with Takarajimasha, Inc.
Through AMANN CO., LTD.
Traditional Chinese translation rights © 2022 by Streamer Publishing House,
a Division of Walkers Cultural Co., Ltd.

電子書E-ISBN
ISBN：9786267191583（PDF）
ISBN：9786267191590（EPUB）

國家圖書館出版品預行編目（CIP）資料

超強習慣養成，輕而易舉創造人生複利效應／吉井雅之作；蔡昭儀譯 -- 初版 .
-- 新北市：大牌出版：遠足文化發行，2022.12；192 面；14.8×21 公分
譯自：人生を変える！理想の自分になる！超速！習慣化メソッド見るだけノート
ISBN 978-626-7191-43-9（平裝）
1. 生活指導　2. 成功法

177.2　　　　　　　　　　　　　　　　　　　　　111018722